Sustainability of Japanese Social Security System:
Data-Based Fact Findings and Policy Proposals

日本の社会保障システムの持続可能性

データに基づく現状分析と政策提案

山重慎二 ［編著］

高橋 泰・山田篤裕・石井加代子・木村 真・臼井恵美子・上野有子
近藤絢子・深井太洋・朝井友紀子・地曳暁瑛・安岡匡也 ［著］

中央経済社

はしがき

　社会保障は，国民が安心感を持って生活するために最も重要な現代社会の仕組みのひとつである。しかし，その維持のためには，財源そして人材が必要である。少子高齢化と人口減少が急速に進む日本において，現在の社会保障の仕組みは，今後とも持続可能と考えられるだろうか。

　本書の出発点となった内閣府経済社会総合研究所（ESRI）の国際共同研究プロジェクト「2025年以降に向けた国民の安心と関連制度の持続可能性に関する研究」における問題意識は，この1点にあった。

　この共同研究では，本書の執筆者の皆さんと一緒に，できるだけデータに基づいて日本の社会保障の現状を把握し，その分析に基づいて，社会保障を維持するための政策を見出すことを試みた。明らかになったのは，医療，介護，保育のいずれの社会保障分野でも，サービス提供者の確保に困難が生じており，社会保障の持続可能性を脅かす一因となっていることであった。

　質の高いケアを提供する人が適正な賃金を受け取れていないために，人材確保が困難になり，労働環境が悪化し，離職者が増える。社会保障部門における労働力の不足は，社会保障部門を脆弱にし，ケアが必要な世帯の負担を増加させ，少子化の一因にもなる。このような悪循環を食い止められなければ，日本の社会保障は持続可能でなくなっていく。

　持続可能性を回復するためには，悪循環を好循環に転換することが必要である。そのための第1歩は，質の高いケアを提供する人たちが適正な賃金を受け取れるようにすることである。ケア提供者の仕事と生活にゆとりが生まれれば，社会保障部門は強靭化される。十分なケアが提供されるようになれば，子育ての不安も軽減され，出生率が改善し，将来の労働力も確保されやすくなり，「好循環」が生まれる。

　しかし，データに基づく政策分析が示唆するのは，好循環を生み出し，社会保障の持続可能性を高める経路は存在していても，かなり狭い道（narrow path）だということである。人々の選択や行動をデータに基づいて正しく理解し，その理解に基づいて，政策や制度を設計することが必要となる。

　国際共同研究プロジェクトの成果は2021年に英語で公表された。私たちが明らかにできたことは、極めて限られている。社会保障システム全体の持続可能性を高めるためには、より広範な分析や考察が必要になる。今回の研究プロジェクトでは検討できなかった財源の持続可能性の問題も、今後さらに検討されなければならないだろう。しかし、日本の社会保障の持続可能性を高めるためには、このような研究の積み重ねが重要と考え、私たちの研究成果を幅広い日本の読者に紹介することを目的として、本書の刊行に至った。

　幅広い読者の方に読んで頂くことを意識して、専門的な知識が十分なくても内容をある程度理解して頂けるように、執筆者の皆さんには、研究成果をわかりやすく説明して頂くことをお願いした。また、私たちの研究プロジェクトで重要な役割を果たすデータ分析に関しては、全く知識がなくても、ある程度内容を理解して頂けるように、序章の補論で簡単な解説を行うことにした。

　近年、直感や理想論に基づく政策形成ではなく、根拠に基づく政策形成（EBPM: Evidence-Based Policy Making）が重視されるようになってきた。特に、データに基づく分析や政策提案が重視されるようになっている中で、政策に関する議論や決定に関わる人にとって、データ分析の基本的な知識は必須のものとなりつつある。本書が、そのような観点からも参考となれば幸いである。

　上記の国際共同研究プロジェクトの始まりは2018年の秋に遡る。財政学会での私の報告の後、内閣府経済社会総合研究所（以下、ESRIと言う）の総括政策研究官でいらっしゃった野村裕さんが、「2025年以降に向けた国民の安心と関連制度の持続可能性に関する研究」という国際共同研究プロジェクトの主査となることについて、お声がけ下さったのである。

　以来、研究プロジェクトは、野村さんとの二人三脚で進められた。まず研究メンバーを選ぶことから始まったが、研究成果は、ESRIが発行する『経済分析』の特別編集号で発表されるということもあり、経済学を専門とする研究者を中心に人選が行われた。ただし、社会保障という、すべての国民にとって身近な政策をテーマとしていることもあり、経済学を専門としない研究者にも参加して頂くことにした。

　システムの持続可能性を高めるためには、多様性を高めることが鍵の一つであることがよく知られている。社会保障システムの持続可能性を高めるための

研究においても，多様性の高い研究者グループが様々な観点から議論すること
が重要と考え，女性研究者にも積極的に参加してもらうことにした。外国人研
究者にも参加してもらい，日本の社会保障システムの持続可能性について，国
際的な観点から考察してもらうことを目指した。研究者の性別，年齢，国籍な
どの多様性の高さは，本書の基になる研究プロジェクトの特徴の一つである。

　ESRIの研究プロジェクトでは，私は主査として，高度な手法とデータを用
いた現状分析から，「2025年以降に向けた国民の安心と関連制度の持続可能
性」に関する含意を見出し，具体的な政策提案に結びつける役割を担った。

　社会保障システムは，極めて複雑なエコシステム（生態系）である。それを
構成する各要素は，有機的につながっている。例えば，医療部門で病床を減ら
せば医療費を削減できるかもしれない。しかし，それは介護需要を高め，介護
費用や家族の負担の増加につながり，経済の成長産業での人材確保を困難にし，
税収や社会保険料を低下させ，社会保障制度の破綻を招くかもしれない。

　社会保障システムの一部に注目して行われる各論文での現状分析は，複雑な
パッチワークを構成する1枚の布のようなものである。布を縫い合わせて作ら
れるパッチワークのような「社会保障システム」の全体像を思い描き，例えば
2040年頃においてもバランスの取れたシステムが維持されるための政策提案を
考えることは，難しい作業であったが，意義が感じられる仕事でもあった。

　ESRIの『経済分析』の特別編集号（第202号）に掲載された私たちの研究成
果は，いずれも近年の理論・実証研究の高度な手法を用いてデータに基づく現
状分析を行う学術論文である。できるだけ多くの日本の読者に，日本の社会保
障システムの現状と課題への理解を深めてもらうことを願い，研究成果のエッ
センスをわかりやすく説明するという日本語化の企画に，7つの論文の執筆者
から協力のご快諾を頂いた。

　これらの論文に，今回の研究プロジェクトの出発点となった2018年の財政学
会での私自身の報告論文を追加させて頂いた。そして，本書の問題意識や概要
をまとめた序章と，各論文での分析，議論，研究プロジェクトでの意見交換な
どを踏まえて，編著者として私自身が導き出した政策提案をまとめた終章を書
き加えて，全10章からなる本書が完成した。

　本書の編集を行っていた2021年の夏には，東京オリンピック・パラリンピッ

クが開催された。新型コロナウイルス感染症のパンデミックへの対応が求められる状況で，政府による判断や対応の遅さに苛立ちを感じた国民は多かったのではないだろうか。社会保障を構成する最も重要な要素である医療システムの持続可能性が脅かされ，限定的ではあったが「医療崩壊」が起こった。

　構造的な問題の一因は，現代社会が享受できるようになった科学的知見や（デジタル）技術を十分活用できていない日本の古い体質であった。そのような古い体質は，的確な先読みに基づく迅速な意思決定が必要な変化の早い現代社会では，足かせとなる。日本の持続可能性を高めるためには，古い日本からの「脱皮」が必要なのではないだろうか。

　日本政府が積み上げた一千兆円を超える政府の借金は，社会保障の持続可能性の観点から，最大の足かせとなる。財政の余裕の無さが，様々なショックへの適切な対応を困難にし，社会保障の崩壊を招く。将来の自然災害や高齢化に備えて，財政の余裕を蓄えておけば，崩壊を防ぐような対応をもう少し行えたはずだ。

　そのような厳しい財政状況でも，司令塔となるリーダーが科学と知恵とネットワークをフル活用して，崩壊を防いだ自治体もあった。日本の社会保障システムに関する現状分析に基づいて，終章で示唆される政策提案は，科学技術を活かせる優れたリーダーたちがとった政策とも方向性が一致する。

　パンデミックへの対応に関しては，メッセンジャーRNAという新しいタイプのワクチンが，科学の力によって海外で短期間に開発されたことで，将来への不安を少し緩和できるようになった。しかし，本書が明らかにするように，現在の日本の社会保障システム全体の持続可能性は決して高いとは言えない。2025年以降も「国民の安心」を持続可能なものとするためには，今後起こり得る様々なショックに耐えられるように，社会保障システムのレジリエンスを高めることが必要である。

　レジリエンス（Resilience）という英語は，回復力，反発力，耐性などと訳され，日本語で表現することが難しい言葉である。そのイメージは「しなやかな強さでショックに耐え回復できる力」であり，本書では「強靭性」という日本語を用いる。社会保障システムの持続可能性を高めるには，システムの強靭化が重要である。本書では，3つのパートに分けて，社会保障システムの持続

可能性を脅かす要素（脆弱性）を，可能な限りデータに基づいて明らかにする。そして，強靭化のための政策について考察する。

　読者の皆さんにも，本書を通じて，社会保障システムの現状をつかんで頂き，その持続可能性を高めるために，どのような政策が必要か，それぞれ考えてみて頂きたい。各論文の研究の背後にある問題意識を理解するために必要な社会保障システムのイメージや基本的課題については，序章で整理してみた。本書を読み進めるための参考になれば幸いである。

　日本の社会保障システムの持続可能性を高める取り組みを継続するために，できるだけ多くの方，特にこれからの政治・経済・社会のリーダーとなる若い皆さんに関心を持ってもらえたら，うれしく思う。本書は，完成からは程遠い「未完成のパッチワーク」であるが，「国民の安心」の持続可能性に関する理解の一助となり，今後のさらなる研究や議論につながる啓蒙の書となることを願いたい。

　研究プロジェクトを終えての率直な感想は，社会保障システムの持続可能性を高めるための政策や制度を設計するためには，さらなる現状分析や理論分析が必要ということである。本書で紹介される私たちの研究の詳細に関心を持つ読者の皆さんには，ぜひ『経済分析』に掲載されたオリジナルの論文を読んで頂きたい。

　この日本語版の出版に協力して頂いた研究プロジェクトのメンバーの皆さんには，あらためて感謝したい。また，ESRIの野村裕さんには，この日本語版の出版にも，陰ながらお力添えを頂いた。私たちの研究プロジェクトをESRIで2年間にわたり支援して下さったスタッフの皆さんも含めて，心から感謝の意を表したい。そして，日本語版出版のご快諾を頂くとともに，最後までご支援頂いた中央経済社の山本継社長と学術書編集部編集長の納見伸之さん，市田由紀子さんには，本書の執筆者を代表して，感謝の気持ちをお伝えしたい。

　2022 年夏

編著者　山重慎二

目　次

第 I 部

医療と介護の強靱化

第 **II** 部

家族と労働力の強靱化

第 **III** 部

子育て世帯の強靱化

序 章

日本の社会保障は持続可能か？

山重 慎二

1 | 日本の社会保障は持続可能か？

　2019年12月，中国の武漢市で最初の感染者が確認された新型コロナウイルス感染症。瞬く間に世界に拡散し，2020年1月15日には日本でも感染者が確認された。その後，各国で対応が行われてきた。

　日本では，感染者数および死者数のいずれにおいても，世界的な観点からは，低い水準に抑えられてきた。しかし，人口100万人当たりの死者数をアジア・オセアニア地域の国々と比べると，日本が死者数を抑えることに成功したとは

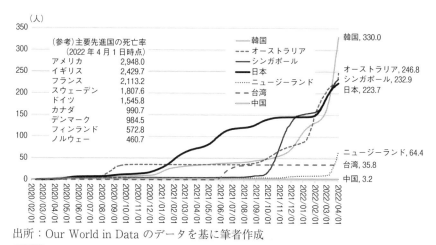

出所：Our World in Data のデータを基に筆者作成

図1 新型コロナ感染症による死者数（百万人あたりの累積死亡率）の推移

言い難い姿が見えてくる（**図1**）。特にパンデミック発生後約1年が経過した2021年の春以降のデルタ株の感染拡大期には，死者数の増加を抑えることができなかった。

　実際，この時期，日本では欧米と比べて感染者が少ないにもかかわらず，重症化した感染者が病院に入院できずに自宅等で亡くなったケースが少なくなかった。また，集団感染（クラスター）が，介護施設で頻繁に発生し，亡くなった高齢者も少なくなかった。感染症への備えや対応が十分にできない病院や介護施設などで，医師，看護師，介護士，そして関係者の献身的な取り組みが行われたが，負担に耐えられず離職する医療従事者も少なくなかった。

　感染症の世界的大流行（パンデミック）で始まった2020年代は，日本の医療・介護システムの感染症への脆弱性を知ることになる幕開けでもあった。日本では，今後2040年頃まで65歳以上の高齢者が増え続ける一方で，労働人口が急速に萎んでいくことが予想されている（**図2(b)**を参照）。日本の社会保障システムは，少子高齢化という長期的な観点からも，持続可能性への不安が存在している。

　2040年頃までの約20年間を視野に入れた時，日本の社会保障システムは，国民に安全・安心を持続的に提供できるだろうか。

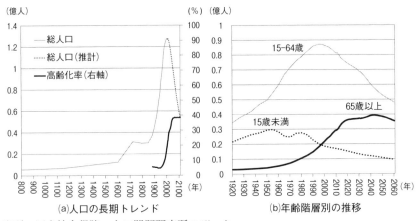

(a)人口の長期トレンド　　(b)年齢階層別の推移

出所：国立社会保障・人口問題研究所のデータ

図2　日本の高齢化率，総人口と年齢階層ごとの人口の推移

2 │ 社会保障システムの持続可能性とレジリエンス

2.1　社会保障システムとは

　本書では，「社会保障システム」を「人々が安心して暮らせる社会の仕組み」と定義する。「社会保障システム」は，様々なサブシステムから構成される。政府が提供する「社会保障制度」は，そのひとつであるが，それは他の2つの重要なサブシステムである「コミュニティ」および「市場」と深い関連を保ちながら，人々に安全・安心を提供している[1]。「社会保障」とは，社会保障システムの中で様々なルートを通じて行われる「社会による安全・安心の提供」を指す。

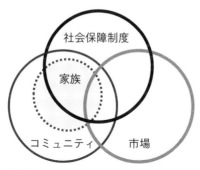

図3　社会保障システム（概念図）

　図3は，その関係性を概念図として描いたものである。社会保障は政府による「社会保障制度」を通じて行われるだけでなく，家族や地域社会といった「コミュニティ」での相互扶助を通じて行われてきた。日本の公的な「社会保障制度」は，年金，医療，介護，生活保護からなるが，私たちは，コミュニティー（家族，友人のネットワーク，町内会，NPOなど）からも，たくさんの安全や安心を提供してもらっている[2]。

　実際，人類の長い歴史の中では，コミュニティは，社会保障の主要な（そして多くの場合唯一の）提供者であった。さらに「市場」も保険や貯蓄や就労の

機会を通じて，人々に社会保障を提供してきた。そして，政府もまた市場や様々なコミュニティと緊密に連携しながら，社会保障制度を構築・維持してきた。

　社会保障制度・コミュニティ・市場という3つのサブ・システムは相互に重なり合い，相互に影響を与えながら，人々に社会保障を提供してきた。特に近年は，公的な社会保障制度が大きく拡大し，これまで家族や地域社会といったコミュニティが担ってきた社会保障の役割を政府が担うようになり，家族の役割や存在意義が低下していった。政府による社会保障の拡大は，結婚や出産といった家族形成意欲を大きく低下させ，先進国における少子化の重要な要因になったと考えられる（山重 2013, 第8章）。

　この相互依存関係のゆえに，社会保障制度改革は，コミュニティ（家族・地域社会など）や市場（ケアサービス提供者など）というサブシステムにも大きな影響を与える。社会保障の持続可能性を考える上では，公的な社会保障制度の持続可能性を考えるだけでは不十分である。社会保障の一翼を担うコミュニティや市場への影響まで考慮し，持続可能な社会保障システムのあり方を考えることが重要となる[3]。

2.2　システムの持続可能性と強靱性（レジリエンス）

　システムの中では，様々な活動が行われ，ある状態が実現する。例えば，社会保障システムの中では，人々に安全・安心を提供する様々な活動が行われ，人々が享受できる社会保障の状態が実現する。現状が比較的望ましい状態であれば，その状態が長期間にわたって継続することが望まれる。

　現状が，多少の変動はあれ，長期間にわたり一定の許容範囲内に収まると考えられる時，本書では，現在の状態は持続可能であると言う。あるいは，その現状を生み出しているシステムが持続可能であると言う。逆に，現在のシステムの中で実現していた（望ましい）状態が，許容できる範囲を超えて現状に戻ることが難しいと考えられる場合には，現状そしてシステムは持続可能ではないと言う[4]（終章第2節の説明も参照）。

　システムが持続可能でなくなる時，システムの「崩壊」あるいは「破綻」と

いう言葉が用いられる。崩壊や破綻は主として2つの要因で発生すると考えられる。

　第1の要因は「ショック」である。例えば，新型コロナウイルス感染症の大流行というショックのために，医療システムのキャパシティが医療需要に対応できなくなり，救える患者の命を救えなくなる（システムが機能しなくなる）状態に陥ってしまう場合，「医療崩壊」が発生する[5]。

　崩壊をもたらす第2の要因は「枯渇」である。例えば，「財政破綻」は，政府が徴収できる税収が枯渇し，財政システムのキャパシティが財政需要に対応できなくなり，必要な財政支出を行えなくなる状態に陥ってしまう時に発生する。財政破綻は「ショック」が引き金となって起こることが多いが，財源にゆとりがあれば，一般にはショックによって破綻することはない。つまり財政破綻は「枯渇」が本質的な原因と考えられる。

　「医療崩壊」も，ショックに耐えられるだけの資源があれば起こらないだろう。新型コロナウイルス感染症のパンデミックによる日本の医療崩壊は一時的であったが，今後，日本の医療供給体制に何らかの「枯渇」が起こるようになれば，医療崩壊は長期化し，医療システムは持続可能でなくなるだろう。

　図4は，災害時などの社会保障サービスへの需要膨張といったショックや，サービス供給を縮小させるショックや枯渇が，供給システムの破綻・崩壊を招き，持続可能性が失われるというイメージを描いている。

　一般に，ショックへのシステムの耐性はレジリエンス（強靱性）と呼ばれている。システムの崩壊・破綻を回避し，持続可能性を高めるためには，システムのレジリエンスを高めること，つまりシステムの強靱化が重要となる。枯渇の問題に直面しないように「ゆとりを持つこと」は，システムのレジリエンス

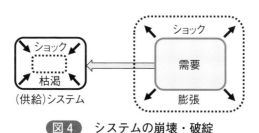

図4　システムの崩壊・破綻

を高める重要な要因の一つである（詳細は終章第1.2節を参照）。

　新型コロナウイルス感染症のパンデミックが明らかにしたことの一つは，日本の医療システムのレジリエンスは必ずしも高くないということであった。膨張した医療需要に対応できる医療人材の不足が原因であった。介護や保育に関しても，人材不足という枯渇の問題のために，利用したい人が利用できない状態が慢性的に続いている。何らかのショックが発生した場合，サービスの持続可能性が脅かされる可能性がある。

　社会保障部門における人材不足の背後には，経済全体の労働力の「枯渇」の問題のみならず，財源の「枯渇」の問題もある。十分な財源があるなら，十分な賃金を支払うことで，医療，介護，保育などの人材確保が可能だからである。

　今後，労働力や財源がさらに枯渇していく状況で，自然災害や財政破綻といったショックが発生すると，供給のキャパシティ不足の問題が深刻化し，現在の社会保障システムが持続可能でなくなる可能性が高い[6]。本書では，日本の社会保障システムのレジリエンスを高めるための「強靭化の手法」を模索する。

3 | 政府推計に見る社会保障制度の持続可能性

　次に，現在の社会保障システムの中で，最も重要と考えられる社会保障制度の持続可能性について，政府が示す未来予想図を基に考えてみよう。**図 5** は，社会保障のための支出（社会支出）および労働力の政府推計である。

　高齢者は2040年頃まで増加し続けると考えられるが，実は2018年から2040年までの高齢者の増加は2000年から2018年までの増加ほど大きくない。これが，**図 5**(a)で2018年から2040年までの（GDP比で見た）社会支出の増加（12.0％）が2000年から2018年までの増加（45.7％）ほど大きくなっていない一因と考えられる。しかし，このような穏やかな社会支出の増加は，公的年金と医療費の増大を抑制する政府の努力が成功するという仮定にも基づいている。

　そのような努力は，**図 5**(b)で，2018年から2040年にかけて医療部門の労働力の増加が小さいことにも表れている。65歳以上の高齢者人口が約10％増加し，うち75歳以上の後期高齢者は約24％増えていくと予測されている期間に，医療

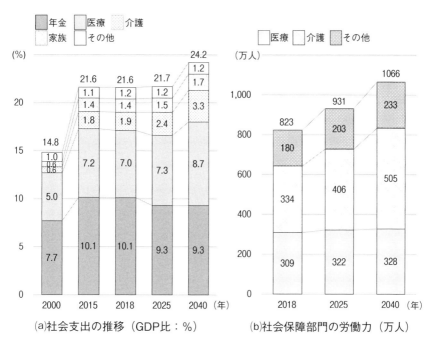

(a)社会支出の推移（GDP比：％）　　(b)社会保障部門の労働力（万人）

出所：社会保障制度専門委員会「将来の社会保障制度改革について：2040年に向けて」（2019年2月1日）のデータに基づく。

図5　日本の社会保障制度の拡大

部門で予想される労働力増加は6％程度と想定されている。一方で，医療部門の労働力（医師や看護師など）よりも「安価」と考えられる介護部門の労働力（介護士など）については，約24％という高い増加率が予想されている。

　図5(b)では，2018年から2040年にかけて社会保障部門の労働者が約240万人増加する見込みが示される一方で，**図5(a)**に示すように，社会支出の増加は大幅に抑制されると予想されている理由の一つは，このような医療から介護へのシフトを高めていくという政府の計画にある。さらに，GDP比で見た社会保障支出の増加抑制のもう一つの理由は，4％という高いGDP成長率の仮定にもある。

　2018年から2040年までの社会保障制度の公的支出の増加が，（GDP比で見て）2.6％ポイントの増加に抑えられるのであれば，消費税で言えば5％程度

の引き上げで賄える。しかし，この推計は楽観的すぎるように思われる。以下のような疑問が残る。

① 後期高齢者の割合が増えていく中で，介護の分野では約170万人の労働力の増加が期待されているが，医療従事者の増加は約19万人と予想されている。本当にそれで医療の質やレジリエンスを維持できるだろうか[7]。

② そのような介護へのシフトが可能であったとして，介護分野で約170万人の労働力の増加を生み出すことは可能だろうか。そのような人材確保を（GDP比で見て）2.6％ポイントの支出増で実現できるのだろうか。

③ GDP成長率４％という仮定は本当に実現可能だろうか。

　図5の予測がどのように行われているかが明確でない状況で，上記の疑問への答えを確認することはできない。しかし近年の政府推計は楽観的なものが多いことを踏まえると（例えば，星野（2019）を参照），この予測も楽観的である可能性が高い（終章第3.1節での議論も参照）[8]。

　新型コロナウイルス感染症への対応でも，政府の楽観的な見込みが，政策的対応を遅らせて，感染者数や重症者・死者数の増加につながった国は多い。政府は楽観的な見込みを示すことで，国民の批判を避け，政策的な対応を先延ばしできる。しかし，病気の治療と同様，問題の先送りは最終的に国民の負担を大きくする。典型的な「政府の失敗」の例であり，社会保障システムの崩壊・破綻を招く可能性が高い。政府の見込みが楽観的でないかは，注意深く確認・監視する必要がある。

4 ｜ 本書のアプローチ：社会保障を支える「人」に注目

　日本の社会保障の持続可能性を高めるためには，将来を的確に見通すことが重要であり，社会保障の現状を，できるだけデータに基づいて客観的に把握することが有用である。私たちは，医療（Healthcare），介護（Long-Term Care），保育（Childcare）などのケア・サービス（社会保障サービス）について，（女性や高齢者の）労働供給や出生行動に与える影響なども含めて，でき

るだけ包括的に分析することを試みる。

　ただし，調査・研究の包括性には限界がある。社会保障制度の持続可能性は，社会保障のための財源の観点から議論されることが多いが，本書では，社会保障を行う（＝安全・安心を社会的に提供する）「人」に注目する。

　社会保障サービスの多くは，どんなに技術が発達しても，最後は人に頼らざるをえない部分が多い「労働集約的なサービス」である。そして日本の少子高齢化の問題が最も顕著に現れるのが，この「人」の問題，つまり「社会保障サービスの供給サイド」の問題である（以下の**図6**も参照）。

　例えば，新型コロナウイルス感染症への対応で，病床数が国際的に見ても多い日本で「医療崩壊」が起こったのは，医療人材の確保の難しさという「人」の問題であった。人口減少で政府の財源も枯渇して行く中で，今後20年ほどの間に（大きなショックが起こらなくても）救える命を救えなくなる事態が日本でも起こるのではないだろうか。

　実は，労働力の枯渇も財源の枯渇も，1970年代から半世紀にわたって日本で静かに進行してきた少子高齢化に起因する（**図2**）。働き盛りの人たちが着実に増えていたら，社会保障を支える人材も財源も十分確保できていただろう。したがって，日本の社会保障の持続可能性を脅かす2つの枯渇問題を緩和し，そのレジリエンスを高めるために有効な政策の一つは，出生率を高めることである。

　出生率を高めるために有効な保育サービスの充実は，労働不足を緩和する「女性の労働参加」を促す上でも有効な政策である。しかし保育サービスに関しても，保育士不足の問題が，待機児童が解消されない一因となっている。

　日本の社会保障の持続可能性は，「出生率の減少→労働力と財源の減少→出生率の減少→労働力と財源の減少 … 」という悪循環によって低下し続けている。このような悪循環を断ち切る方法は3つある。

① 　出生率を回復させて人口減少を食い止める
② 　外国人労働者を数多く受け入れる
③ 　ロボットやAIなどの技術や資本で労働を代替していく

　本書では，主に ① の対応策を取り上げる。②および③も有効かつ必要な対応策と考えられる（終章第2.7節を参照のこと）。しかし，2020年に年間約50万人だった人口減少は今後加速し，2040年頃には毎年100万人ずつ減少していくと予測されている。人口減少がどこかで止まらなければ，日本社会はやがて消滅する。

　社会の消滅を回避するためには，持続可能性の源泉となる「再生産」が人口に関しても適正に起こることが必要となる[9]。上記の選択肢のうち最も困難と考えられる対応策①について，本書で分析・考察を行うことには意義がある。

5 ｜ 本書の概要

　本書では，社会保障サービスを提供する「人」に注目し，社会保障の現状と課題を，できるだけデータに基づいて客観的に把握することを試みる。本書は「第Ⅰ部　医療と介護の強靱化」，「第Ⅱ部　家族と労働力の強靱化」，「第Ⅲ部

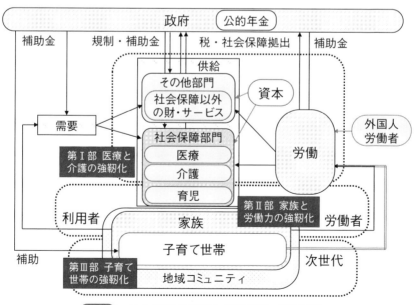

図6 社会保障の複雑な供給構造（概念図）

子育て世帯の強靱化」という 3 部から構成される（**図 6**）。

　第Ⅰ部では，社会保障サービスの中でも「人」が最も重要となる医療（Healthcare）と介護（Long-Term Care）の分析を行う。そして，第Ⅱ部では，そのような医療・介護部門を含む様々な産業に「人」を送り出す家族に注目し，「人」が重要な保育（Childcare）との関係にも注意を払いながら分析が行われる。最後に，第Ⅲ部では，社会保障の長期的な持続可能性の観点から重要な次世代の「人」を産み育てる子育て世帯を強靱化するための，公的・社会的支援のあり方について分析が行われる。

　第 1 章から第 7 章までは，『経済分析』（第202号）に収蔵された英語論文[10]の概要を日本語でわかりやすく紹介した章となっている。紙幅の制約もあり，ごく簡単な紹介となっているため，その内容に関心を持つ読者の方には，ぜひオリジナルの論文を参照して頂きたい。以下では，本書を読み進めるための道案内として，各章の概要を簡単に紹介しておこう。

5.1　医療と介護の強靱化（第Ⅰ部）

　第Ⅰ部では，まず労働力の不足が最も懸念される医療および介護部門に注目する。**図 5(b)**に示したように，政府は，2018年から2040年にかけて，厳しい財政制約の下，医療部門で約20万人，介護部門で約170万人の労働者数の増加を見込んでいる。問題は，様々な地域に住む人たちの医療・介護需要を満たすために必要な労働者数は，政府の見込み通りで十分かどうかである。

　高橋論文（第 1 章）は，「医師・歯科医師・薬剤師調査」の1996年から2016年までのデータに基づいて，性別，年齢別，診療科別，地域別に，日本の医師の特性の変化を詳細に分析した結果を紹介している。日本の医師は高齢化し，医師の労働観の変化が急速に進んでおり，若い医師は過疎的な地域で勤務しておらず，診療科でも医師の偏在が見られると言う。このような分析を踏まえて，2024年に予定されている医師の労働条件を改善するための「働き方改革」（残業規制）が日本の医療の質を大きく低下させる可能性があるとの指摘が行われる。起こり得る問題を軽減するための有効な取り組みとして，医師への適切なインセンティブの付与，「主治医制」医療から「チーム制」医療へのさらなる

移行，地域の病院の集約化などが示唆される。

　続く山田・石井論文（第2章）は，介護士不足が懸念されてきた介護部門に注目する。介護士が不足する主な原因は低賃金であり，特に増加した男性介護士の都市部での低賃金にあるというのが，「就業構造基本調査」のデータ分析に基づく本論文の基本的な発見である。生産年齢人口が急速に減少する中で，介護士を2040年までに約170万人増やすという目標（本章**図5(b)**）を達成するためには，都市部での介護士の賃金を大幅に引き上げて労働者が他の産業（卸売・小売，製造，宿泊・飲食サービス業）に移ってしまわないようにする必要がある。今後の介護需要の急速な高まりに対応できる公的介護システムを維持していくためには，公的支出の大幅な増加を覚悟しなければならない可能性が高い。しかし，その公的支出の増加は，全就業者の中でも比重を増す，これまで低賃金であった介護従事者の所得や消費を増やすことを通じて，所得分配や経済活動に良い波及効果を持つ可能性があることも示唆されている。

　最後に，木村論文（第3章）は，医療・介護部門の労働力とそれが経済に与える影響を，より明確にイメージできるようになるためのシミュレーション分析[11]の結果を紹介する。シミュレーションの結果を大きく左右する今後の人口動態や社会保障改革に関する仮定は，基本的に政府が想定するシナリオが用いられる。医療・介護部門に関して言えば，必要な労働力の増加は，他の産業，特に教育および不動産での減少によって達成されるだろうとの推計結果が示されている。シミュレーション結果は，本章**図5(b)**の結果と概ね合致しているが，政府の推計では産業間の相互依存が考慮されていないため，政府が想定するほどには労働力を確保できない可能性が示唆されている。また，今後の高齢化は経済成長に負の影響を持つとのシミュレーション結果も示されており，公的年金を含む社会保障制度の財源の持続可能性も懸念される。

5.2　家族と労働力の強靭化（第Ⅱ部）

　第Ⅱ部では，家族と労働供給について検討する。結婚した夫婦にとって重要な意思決定は，出産と労働供給の意思決定である。日本では，就学前の子どもの保育は，離職した母親あるいは祖父母が担うことが多かった。祖父母による

孫の保育が期待できる場合には，母親は労働供給を継続できるが，祖父母の労働供給が阻害される可能性がある。保育サービスを利用する親が増えてきたが，需要の増加に供給が追いつかず，待機児童という一種の「公的保育の破綻状態」が続いてきた。保育は医療とは異なり，家族による提供が可能であり，公的保育システムの脆弱性による待機児童問題が慢性化しても，大きな社会的問題となることは少ない。しかし，その影響は家族や労働力に及ぶ。

　臼井・上野論文（第4章）では，高齢者の意思決定と厚生が検討され，孫の保育が50代女性の労働力供給にマイナスの影響を与えていることが確認される。孫の保育が50代女性の心理的苦痛につながっているという統計的な証拠は見つからなかったが，高齢の親の介護も同時に行っている場合は，心理的苦痛が高まる傾向が確認できると言う。現在，多くの50代日本人女性が労働市場で活躍していることを考えると，保育サービスの拡大は，50歳以上の女性の労働供給と厚生にもプラスの影響を与えると考えられる。公的保育や公的介護のための財源や人材の不足（脆弱性）が，50代以上の女性の厚生と労働供給にもマイナスの影響を持つ可能性が示されていることは注目に値する。

　近藤・深井論文（第5章）では，待機児童問題（保育サービスへの超過需要問題）を念頭に，保育料の引き上げが保育サービス需要や労働供給に与える影響が分析される。回帰不連続法（RDD）[12]に基づき，都市部では，保育料の上昇は保育サービスの需要および未就学児の母親の労働供給に，ほとんど影響を与えないことが見いだされた。このような結果が得られた理由として，論文では様々な要因が指摘されるが，認可保育所の保育料が，大部分の親の支払意思額（支払いに同意できる最大額）より低く設定されており，それが認可保育所への超過需要の一因となっている可能性を示しているようにも思われる。保育料の引き上げは，保育需要や労働供給を減らすことなく，供給拡大のための財源の増加を通じて，待機児童問題の改善に寄与する可能性がある。

　朝井・地曳論文（第6章）では，その保育サービスの拡大に必要な労働力をどのように確保・拡大させるかに関わる分析が行われる。論文では，経験豊かな保育士の賃金を引き上げるために2013年から行われた私立保育所への補助金増額の効果を分析し，それが保育士の賃金と雇用の維持にプラスの効果を持つことを見いだした。補助率が，それぞれの保育所における保育士の平均的な経

験年数によって定められるという賢い制度設計が，保育所が経験豊かな保育士を継続雇用するインセンティブとなったと考えられる。さらに，保育士として働きたいと思える賃金（留保賃金）に関する調査の分析を通じて，保育士を増やし，保育サービスへの強い需要を満たすためには，やはり保育士の賃金を増やす必要があることを明らかにした。

5.3　子育て世帯の強靭化（第Ⅲ部）

　第Ⅲ部では，子育て世帯が直面するリスクが高まってきたことが，少子化の一因と考えられるという理論に基づく議論が展開される。そして，子育てのリスクを軽減するような施策を充実させることで，子育て世帯を強靭化し，少しでも安心して子どもを産み育てられるような環境を作っていくことが，効果的な子育て支援の一つであるという議論が行われる。次世代の育成は，社会保障の持続可能性にとって，最も重要な要因の一つである。子育て世帯を政策的・社会的に支援し，強靭化していくことが，社会保障システムの持続可能性を高めていくことになる。

　安岡論文（第7章）では，どうしたら人々に子どもを持ってもらえるかという問題意識に基づいて，出生の意思決定の理論的分析が行われる。興味深い発見の1つは，将来の所得に関する不安は，将来に備えた「予備的貯蓄」の必要性を高めるため，人々は大きな費用を伴う子育てを若い時に選ばなくなってしまうという理論的結果である。したがって，例えば，年金に対する不安は少子化を加速させることになる。一方，高齢期に賃金所得を十分獲得できるような政策が取られるならば，高齢期に備えた予備的貯蓄を若年期に減らせるため，より多くの子供を若い時に持てるようになると考えられる。また，失業手当を増やすことでも，若い夫婦が予備的貯蓄を抑えられるので，より多くの子供を持つようになるという可能性も示される。

　山重論文（第8章）では，子育てに必要な時間や知識の不足に起因する「出産・育児のリスク」を念頭においた議論が行われる。多くの人にとって，出産・育児は初めての経験であり，十分な時間や知識がないと子どもを持つことに躊躇する。核家族化が進む中で，子育て経験のある親や祖父母が提供してい

た時間や知識を得られにくくなったことが，少子化の一因と考えられる。論文では，子育て支援を行う民間団体の活動が，人々の出生行動に正の効果を与える可能性がデータ分析を通じて明らかにされる。そして，そのような団体を自治体が支援することで，子育て支援のネットワークが地域で形成される可能性が，ヒアリング調査に基づいて明らかにされる。

6 日本の社会保障システムの強靱化

　日本の社会保障は持続可能だろうか。この問題意識に基づいて，主として経済学を専門とする研究者が集まり，データに基づく現状分析を試み，社会保障システムの持続可能性を高めるための政策を模索した。

　現代の社会保障システムは非常に複雑であると同時に，各パーツが有機的につながっている。一人ひとりの研究者が行える研究には限界がある。しかし，研究者が集まることで，一人では描くことができないビジョンも提示できる。そう考えて，筆者らはチームとして現状分析に取り組んだ。

　今回の研究プロジェクトを終えて再確認したのは，社会保障システムの全体像を明らかにすることは，日本の生態系の全体像を理解するのと同じくらいの時間と労力を必要とするということであった。私たちが社会保障の供給サイドの分析を通じて本書で示すことができたのは，社会保障システムの構造的問題のほんの一部にすぎない。

　しかし，これからの日本における社会保障の持続可能性を高めるためには，例えば医療や介護といった公的な社会保障制度の分析を行うだけでは不十分という本書の基本的認識は重要と感じる。社会保障の持続可能性を確保するためには，数多くの連立方程式を解く必要がある。社会保障システムの各パーツへの理解を深めることも重要であるが，持続可能なシステムをデザインするという観点からは，社会保障システムの全体像への理解を深めることも重要である。

　終章では，第1章から第8章における分析や考察から見えてくる社会保障システムの全体像と今後の社会保障システムの改革の方向性について，研究プロジェクトの主査を務めた筆者の個人的な見解をまとめた。そして，社会保障の持続可能性を高めるために重要でありながら，本書では取り上げられなかった

要因のいくつかについても整理した。外国人労働者，技術（ICTやAIなど），資本（ロボットなど），そして財政の持続可能性の問題などである。

　社会保障システムは複雑であるだけでなく，その望ましいあり方は価値観にも大きく依存する。全く同じ世界を見たとしても，その世界の進むべき方向性に関する考え方は，人によって異なるだろう。本書の執筆者や海外の専門家と議論しながら進めてきた研究プロジェクトを通して，筆者なりに見えてきた「持続可能な社会保障システム」のビジョンは，不完全で，万人に共感されるものでないとしても，読者にとって参考となることを願う。そして，新たな探究の旅がどこかで始まるきっかけとなることを期待したい。

［補論］データ分析の手法の紹介

　本書では，データに基づいて現状を分析し，その現状分析に基づいて政策提案を行うというアプローチを重視する。本書で紹介されるデータ分析の結果については，わかりやすい説明を執筆者に心がけて頂いたが，基本的な分析手法や結果の解釈にあまり馴染みがない読者のために，簡単な紹介を行っておきたい[13]。各章の理解の一助となれば幸いである。

(1)　データ分析の基本的な考え方

　すべての科学において，仮説検証のためのデータ分析は重要である。研究対象となる事象の特性に応じて，効果的な分析手法は少しずつ異なるが，本書では，主として，執筆者の多くが専門とする経済学で用いられる計量経済学の手法がとられる。

　私たちの社会には様々な課題が存在し，課題の解決が求められている。課題発見・課題解決アプローチで期待されるデータ分析の手法は，注目する社会状態の指標(y)に対して，影響を与える要因(x)を発見することである。そのような要因や影響を明らかにすること（課題発見）ができれば，社会状態を改善する方法（課題解決）を考えることができる。

　データ分析は，まず注目すべき指標(y)やそれに影響を与えると考えられる要因(x)のデータの収集・整理から始まる。社会の現状を把握するための数値データを集めることは，実は簡単なことではない。

　例えば，高齢化のさらなる進展とともに，今後増え続ける医療需要に応えるための医師を，各地域で確保するという社会的課題を考えるうえで，地域ごと，年齢ごと，診療科ごとの医師数のデータは極めて重要である。しかし，一般には公開されていない。第1章では，その基礎となるデータを厚生労働省に申請し，入手したデータを用いて，上記の社会的課題を念頭にデータを整理・加工し，現状を明らかにしている。

　重要なデータを収集し適切に整理すること自身が，重要な貢献となる。その

ように整備されたデータを用いて，高度な統計的手法を使って定量的に分析した研究が，注目されたり評価されたりすることが多いが，基礎となるデータの収集・整理という地道な作業にも，もっと光が当てられることを期待したい。

　なお，収集・整理されたデータを，わかりやすい図や表にまとめて提示することも，データ分析の一部と考えられる。「百聞は一見にしかず」という言葉があるが，1つの図や表が，社会的課題の現状を一瞬で把握・理解することに貢献することがある。厳密な分析を通じて，そのような直感的理解の不適切さが明らかになる場合もあるが，それでも「一見」で現状を把握できるようなわかりやすい図表は，複雑な数式や詳細な数値結果の表より高い価値を持つ場合が少なくない。

　本書の多くの章でも，分析結果を数値ではなく，グラフでわかりやすく示す工夫が行われている。現状を把握するうえで，データ分析は非常に有用であるが，統計分析のソフトウェアが吐き出す分析結果の表は，基本的に数値の羅列で，一般に理解することが困難である。その結果を数字だけでなく，グラフで視覚的にわかりやすく示すことは，分析結果の理解を容易にする。

　現状の問題をわかりやすく示す図や表は，現状分析や政策提案を行うための理論的分析の意味を明らかにするうえでも有用であることが多い。図や表を使ってデータをわかりやすく示すことは，データに基づく現状把握や政策提案を行ううえで，非常に重要である。これからデータ分析を行ってみたいと考える読者の皆さんにとって，本書で示された図表は，データ分析の結果の示し方としても参考になるだろう。

⑵　最小二乗法（OLS）

　計量経済学では，説明したい指標(y)を「被説明変数」，それに影響を与える要因(x)を「説明変数」と呼んでいる（前者を「従属変数」，後者を「独立変数」と呼ぶ場合もある）。例えば，第4章では，高齢者の就業や心理状態に注目し，孫の世話が，それらに与える影響を確認する分析が行われる。その例では，「高齢者の就業」や「高齢者の心理ストレス」が被説明変数(y)であり，説明変数(x)の一つとして「孫の世話」の有無が想定され，被説明変数に影響を

与えるのか，与えるとしたらどのような影響を与えるのかが分析されることになる。

　なお，被説明変数 y（例えば「高齢者の就業」）に影響を与えると考えられる要因 x（説明変数）は，孫の世話以外にも数多く存在する（例えば子世代との同居の有無や年齢など）。したがって，様々な要因を説明変数（x_1, x_2, …）としたうえで，特に注目する要因（例えば「孫の世話」）が影響を持つか否かを明らかにする必要が出てくる。

　そのような分析を行う手法として，よく用いられるのが，最小二乗法（Ordinary Least Squares Method：通称OLS）という手法である。例えば，ある被説明変数 y（高齢者の就労時間）に影響を与える可能性のある変数として x_1（孫の世話の有無）と x_2（年齢）の2つがあり，利用可能なデータの最初の4人の高齢者のデータが**表1**のようになっているとしよう。

表1　サンプル1

名前	y（就労時間）	x_1（孫の世話） 1＝有り，0＝無し	x_2（年齢）
Aさん	0	1	72
Bさん	4	1	65
Cさん	2	0	68
Dさん	2	0	72

　理論的には，高齢者が孫の世話をしているなら，就労時間は少ないと考えられる。しかし，**表1**では，就労時間は，孫の世話をしている人の間でも差があり，年齢によっても影響を受ける可能性が示唆される。

　このように私たちが関心のある変数の多くは，一つの要因だけに影響を受けるわけではなく，多くの要因に影響を受けると考えられる。その場合，説明変数ごとに，被説明変数への影響を見ても不十分である。例えば，表1では，孫の世話をしている人の平均就労時間も，孫の世話をしていない人の平均就労時間も2時間であり，孫の世話をしているか否かは，就労時間に影響を与えないという結論になりかねない。

　この結論は，年齢が就労時間に与える影響を考慮しておらず，要因ごとの分

析では不十分であることを示唆する。したがって，被説明変数に影響を与える可能性がある説明変数（例えば「年齢(x_2)」）を制御変数（コントロール変数）として用いたうえで，関心のある説明変数（例えば「孫の世話の有無(x_1)」）の影響を以下のような「回帰式」を推計することで確認する（εは説明変数では説明できない部分を示す誤差項）。

$$y = a_0 + a_1 x_1 + a_2 x_2 + \varepsilon$$

　最小二乗法は，**表1**に見られるようなデータを用いて，3つの係数a_0, a_1, a_2を推計する回帰分析の手法の一つである。基本的な仮説は，$a_1 < 0$（孫の世話をしている人の就労時間は短くなる傾向がある）および$a_2 < 0$（年齢が高いほど就労時間は短くなる傾向がある）である。一定の仮定の下で，最小二乗法による推計値は望ましい特性を持っていることが知られている。

　言うまでもなく，説明変数は2つに限定される必要はない。推計方法に関する詳細は割愛するが，私たちが関心を持つ変数に，様々な要因が影響を与えていると考えられる場合には，最小二乗法は，どのような要因が，どのように影響を与えているかを統計的に見出すための手法としてよく用いられてきた。

　その推計結果は，例えば$a_0 = 5.121, a_1 = -0.242, a_2 = -0.041$の場合，以下の**表2**のような形で示される。

表2　**高齢者の就労時間に関する推計結果（仮想例）**

説明変数	係数	標準誤差	p値
定数	5.121**	2.523	0.032
x_1（孫の世話）	-0.242*	0.129	0.082
x_2（年齢）	-0.041***	0.014	0.007
自由度修正済み決定係数[14]（$\bar{R}^2$）			0.462
観測値数[15]			240

（注）***は1%，**は5%，*は10%で，それぞれ統計的に有意であることを示す。

　あるいは，以下のような数式の形で表現される（括弧内はt値）。

$$y = 5.121 - 0.242 x_1 - 0.041 x_2 \qquad \bar{R}^2 = 0.462$$
$$(2.03) \quad (-1.88) \qquad (-2.93)$$

　ここで，標準誤差，p値，t値は，いずれも係数（説明変数の影響）が仮説

と整合的か否かを判断するための統計量である[16]。(推計された係数と比べて)標準誤差が小さいほど，t 値が大きいほど，p 値が小さいほど，係数がゼロである確率が低いことを示している。それは，説明変数（例えば x_1）が被説明変数（y）に影響を与えている可能性が高いことを示している。

　具体的には，t 値に基づいて計算される p 値は，真の係数がゼロである確率を示しており，その確率が（例えば x_2 の係数 a_2 のように）1％未満であれば，その説明変数は被説明変数に影響を与えている可能性が非常に高いと考えられ，係数（a_2）は「（1％水準で）統計的に有意である」と言われる。

　基準となる確率として，一般に1％，5％，10％という水準が設定され，p 値が前者の基準に近づくほど，係数が0となる可能性が低くなるという意味で，p 値は低い方がよく，係数に付される星（*）の数が多いほど，説明変数（x_1 や x_2）が被説明変数（y）に有意に影響を与えていると判断される。

(3)　パネルデータを用いた分析（固定効果モデル）

　精度の高い推計を行うためには，分析に用いることができるデータが多ければ多いほどよい。個人の追跡調査を行うことで，例えば表3のように，異なる時点の個人データを取得できる場合もある。

表3　サンプル2（パネルデータ）

名前	2005年			2010年		
	y	x_1	x_2	y	x_1	x_2
Aさん	0	1	72	0	0	77
Bさん	4	1	65	4	1	70
Cさん	2	0	68	2	1	73
Dさん	2	0	72	1	0	77
⋮	⋮	⋮	⋮	⋮	⋮	⋮

　このように，複数年にわたる個人データは，（パネルのような形式で表現できるため）パネルデータと呼ばれる。近年，そのようなパネルデータが蓄積されるようになり，データの特性に注目した分析が開発・実施されるようになっ

てきた。

第4章では，パネルデータを用いて，固定効果モデルに基づく分析が行われている。高齢者の就労時間（y）を x_1（孫の世話の有無）や x_2（年齢）という高齢者の属性だけで完全に説明できるとは限らない。個人属性を表す説明変数が欠落していると考えられる場合，最小二乗法による推計は，推計結果にバイアスが生じることが知られている。

この場合，固定効果モデルと呼ばれる推計手法を用いて，個人 i の定数項を a_i と仮定して最小二乗法で推計することで，バイアスの小さい推計を行えることが知られている，この場合，t 時点（年）における被説明変数の値 y_{it} を推計する式は次のように表現できる。

$$y_{it} = a_i + a_1 x_{1t} + a_2 x_{2t} + \varepsilon_{it}$$

この場合，研究で最も関心があるパラメーター a_1 と a_2 は，各変数や誤差項の期間平均値（$\bar{y}_i$, $\bar{x}_{1i}$, $\bar{x}_{2i}$, $\bar{\varepsilon}_i$ など）に対して，以下の関係式を推計していることになり，

$$(y_{it} - \bar{y}_i) = (a_i - a_i) + a_1(x_{1it} - \bar{x}_{1i}) + a_2(x_{2it} - \bar{x}_{2i}) + \varepsilon_{it} - \bar{\varepsilon}_i$$

x_{1t} や x_{2t} が変化した時に，y_{it} がどれくらい変化するのかを推計することになる。固定効果モデルでは，（説明変数では捉えきれない）個人の特徴に関わる a_i が推計式から消えるため，欠落変数の問題を緩和できることになる。

⑷ 回帰不連続法（RDD）

社会的課題を，政策によって改善することを考える場合，関心のある変数（例えば高齢者の労働参加）に影響を与える要因を見出すことがまず必要となる。最小二乗法や固定効果モデルを用いた回帰分析は，そのための分析と考えられるが，実は，被説明変数と様々な説明変数の間に関係がありそうかを確認する手法であり，説明変数が被説明変数に影響を与えるという「因果関係」を明らかにする手法ではない。

例えば，高齢者の「労働参加」と「孫の世話の有無」の間に関係があること

は，回帰分析で示すことができるが，「孫の世話の有無」が「労働参加」に影響を与えるという「因果関係」の存在を示すことはできない。もしかすると，高齢者の「労働参加」が「孫の世話の有無」に影響を与えるという逆の因果関係が存在しているかもしれない[17]。

　前者の場合，保育所の拡充を通じて，孫の世話が必要なくなれば，高齢者の労働参加が増えると期待される。しかし，後者の場合，保育所を拡充しても，高齢者の労働参加が増える保証はない。政策分析や政策提案において重要となるのは，因果関係に関するデータ分析である。変数の時間的な変化を見ることができるパネルデータを用いた分析は，そのような因果関係の存在を確認できる手法と考えられる。

　しかし，パネルデータを用いずに，因果分析を行う手法も色々と開発されてきた[18]。第5章で用いられる回帰不連続法（Regression Discontinuity Design: 通称 RDD）という手法は，近年よく用いられるようになった因果分析手法のひとつである。これは，関心ある変数 y に要因 x の変化が影響を与えるという因果関係が存在するか否かは，要因 x の変化の前後で，変数 y に不連続性（Discontinuity）が見られるか否かで検証できるだろうという考え方に基づく因果分析である。

　例えば，第5章では，政策的に決定される認可保育所の保育料の変化が，認可保育所の利用に影響を与えるかを分析している。ここでは，保育料は所得階層によって異なり，所得が所得階層の閾値を少しでも超えたら保育料が突然上昇することに注目して，保育料の引き上げが保育利用を減少させるか否かは，保育料が上がった人々の間で保育所利用が不連続的に低下するか否かで確認できるというアイディアに基づく推計となっている。

　図7 (a) で，まず所得階層の閾値の前後で保育料に不連続な変化が見られることを確認したうえで，**図7 (b)** では，その閾値の前後で，認可保育所の利用に不連続な変化が見られるかを確認している。**図7 (b)** を見る限り，そのような変化は視覚的には確認できず，実際に統計的な分析を行ってみても，やはり不連続な変化が起こるとは言い難いとの結果が得られた。

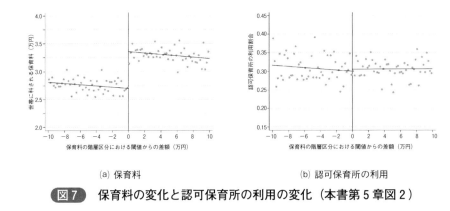

(a) 保育料　　　　　　　　　(b) 認可保育所の利用

図7　保育料の変化と認可保育所の利用の変化（本書第5章図2）

　したがって，「保育料の引き上げは保育需要を減らす」という，経済学の需要理論が示唆するような因果関係は確認できなかったことになる。

(5)　シミュレーション

　最後に，第3章で用いられているシミュレーションという手法と，データ分析の関係について，簡単に説明しておきたい。シミュレーションの背後には，動学的な理論モデルがあり，変数の将来の値が，変数の現在および過去の値によって決まる方程式体系が構築される。

　例えば，その理論的な方程式の一つが，以下のような式で表されるとしよう。

$$y_{t+1} = a_0 + a_1 x_{1t} + a_2 x_{2t}$$

　ここで，tは時間のパラメーターで，例えば上記の式は，$t+1$時点におけるyの値は，t時点における変数x_1とx_2の値によって，上記の式のように決定されると理論的に説明できるとされている。a_0, a_1, a_2の値をデータ分析に基づいて正確に推計することができれば，t時点におけるx_1やx_2の変化によって，yの値がどれくらい変化するか，あるいはいくらになるかを，予測できる。

　シミュレーションのモデルは，できるだけ正確に将来を予測するために，かなり複雑であることが多い。例えば，第3章では，「14 産業部門からなる閉鎖経済型の世代重複モデル」を構築し，推計された係数を代入したうえで，政策に関わる変数（例えば1人あたりの医療介護費用）の変化が，GDP，産業ご

との価格（指数），産業ごとの就業者（割合）に与える影響を，約100年にわたって予測している。

　第3章の**図3**は，その結果の一つであるが，1人あたりの医療介護費用の増加に関する2つの仮定（ケース）のもとでの実質GDPの推移を予測している。今後予想されている社会保障費用の上昇の結果，日本の実質GDPは2030年頃から減少していくという予測が，ビジュアルに表現されている。

　言うまでもなく，このようなシミュレーションの結果は，基礎となる理論モデルのみならず，データ分析によって得られた係数の値によっても変わってくる。データ分析は，現状分析だけでなく，将来予測の基礎にもなっており，わかりやすい政策提案にもつながっている。

| 注 |

1　社会保障システムは，英語では，「社会保障制度」と同じくSocial Security Systemと表現することになるため，2つが区別できない。そこで，例えばYamashige（2021）では，「社会保障システム」を，人々に社会保障を提供する社会システム（Social System）と表現している。

2　日本の社会保障制度に関する経済学的説明としては，小塩（2013）がわかりやすい。また，社会保障制度（政府），市場，コミュニティの関係性に関しては，山重（2013, 第2章）も参照。

3　新型コロナウイルス感染症への対応では，2021年の夏に医療供給体制を超える医療需要が発生し，医療崩壊が懸念されるようになった。そのような状況で，政府は，感染者に自宅療養を求めるようになった。家族による看護を政府は期待したと思われるが，単身世帯での自宅療養は大きな不安を伴う。同居家族がいる場合でも，感染リスクに直面した家族は大きな不安を抱えていた。社会保障（社会による安心・安全の提供）が行われない事態が発生した。一時的にせよ，社会保障システムが破綻した事例と考えられる。

4　つまり，持続可能でないということは，もはや後戻りできない時点（Point of No Return）が存在するということである。

5　新型コロナウイルス感染症への対応の中で「医療崩壊」という言葉をよく聞いた。例えば，東京都の2021年8月26日のモニタリング会議では，「数週間にわたって制御不能な状況が続いている。医療提供体制は深刻な機能不全に陥っている」と指摘された。なお，機能不全が一時的で，短期間に許容範囲に戻ってくる場合，本書の定義では「システムの崩壊」とは言わない。しかし，機能不全が長期に渡

る場合，もはや現在の医療サービス水準に戻れなくなる場合も出てくるだろう。そのような状態が，本書における「医療システムの崩壊」のイメージである。

6　なお，医療サービスの供給制約の問題は，需要爆発を抑えることで緩和できる。持続可能性を高めるためには，需要をコントロールする政策に関する研究も重要となる。

7　本書の高橋論文（第1章）が説明するように，医療部門では2025年から「働き方改革」が求められ，医療従事者の平均労働時間の減少が予想される。労働時間の減少を伴う「働き方改革」を着実に実施できるようにするためには，労働人口の（想定以上の）確保が必要と考えられる。

8　政治家あるいは政府の「楽観的な見込み」は，心理学や行動経済学で「楽観バイアス」あるいは「正常性バイアス」と呼ばれる心理的傾向で説明できるかもしれない。しかし，それは，現在の取り組みが適切であることを意図的に国民に示唆することで批判を回避しようとする戦略，あるいは，痛みを伴う改革を将来世代に先送りする戦略かもしれない。いずれにしても，楽観的な見込みを示すことは，必要な改革や取り組みを将来に先送りすることでシステムのレジリエンスを低下させることになるので罪深い。楽観的な見込みを国民が信じようとする「正常性バイアス」に陥らないように，警鐘を鳴らし続けることが重要だろう。

9　少子化・人口減少には良いところもあるため，心配する必要はないと主張する人もいる。現在生きている人たちが，日本社会の消滅に直面することはないと思われるので，将来世代のことを考えない人にとっては，少子化は問題ないのだろう。人口減少が止まるためには，出生率は人口置換水準と呼ばれる約2.07にまで上昇する必要があるが，日本では50年近くこの問題への対応が十分行われてこなかった。出生率は2020年でも1.34という低い水準にある。政治家の在任期間は短期間であり，将来世代が恩恵を受けるような政策に取り組む誘因は存在しないのであろう。また，そのような政治家に仕える官僚にも誘因は存在しない。政治家も，官僚も，近視眼的な国民も関心がない「持続可能性の問題」ではあるが，社会科学者の多くは，将来世代のためにも，分析や政策提案を行い続けることが重要と考える。問題の構造は，将来世代に致命的な影響を与える気候変動問題と酷似している。実は少子化は，もはや「将来世代」の問題ではなく，少子化に起因する社会保障の破綻（望ましい水準を維持できなくなること）は身近に迫っている可能性がある。新たなパンデミック，首都直下地震・南海トラフ地震などの大地震，そして財政破綻といったショックが，破綻のきっかけとなりうる。多くの国民に関心を持ってもらうことを願いたい。

10　https://www.esri.cao.go.jp/jp/esri/archive/bun/bun202/bun202.html

11　シミュレーション分析の考え方については，本章補論(5)を参照。

12　回帰不連続法（RDD）の考え方については，本章補論(4)を参照。

13　データ分析の手法に関する説明として，山本（2015）はわかりやすい。

14　自由度修正済み決定係数（$\bar{R}^2$）は，推計された式でどれくらい被説明変数を説明できるか（推計式の当てはまりの良さ）に関する統計量で，０と１の間の値を取り，１に近いほど当てはまりが良いと考えられる。なお，当てはまりの良さは，基本的に説明変数の数が多ければ多いほど良くなるため，説明変数の数で決まる「自由度」で調整された統計量が用いられる。

15　観測値数とは，分析に用いたサンプルの中のデータ数（例えば表１のサンプル１の場合は個人数　４）を示し，サンプルサイズとも呼ばれる。

16　標準誤差とt値の間には「t値＝係数÷標準誤差」という関係がある。また，p値は，t分布においてt値の値より（絶対値で見て）大きな値が発生する確率を示している（両側検定の場合）。

17　高齢者の就労と孫の世話が同時に決定される場合，「孫の世話」という説明変数は「独立変数」ではなく「内生変数」となり，最小二乗法による推計にはバイアスが生じる。この場合，内生性を考慮した推計が必要となる。

18　因果分析に関する説明として，中室・津川（2017）がわかりやすい。

｜参考文献｜

小塩隆士（2013）『社会保障の経済学［第4版］』日本評論社.

枝廣淳子（2015）『レジリエンスとは何か: 何があっても折れないこころ，暮らし，地域，社会をつくる』東洋経済新報社.

星野卓也（2019）「政府の財政試算は当たっているのか?～過去試算と実績値を比較検証～」第一生命経済研究所 *Economic Trends*（2019年2月13日）

中室牧子・津川友介（2017）『「原因と結果」の経済学-データから真実を見抜く思考法』ダイヤモンド社.

山本 勲（2015）『実証分析のための計量経済学』中央経済社.

山重慎二（2013）『家族と社会の経済分析—日本社会の変容と政策的対応』東京大学出版会.

Yamashige, Shinji（2021）"Making Japanese Society More Resilient: To Improve Sustainability of Social Security in Japan,"『経済分析』202, 262-276.

第 一 部

医療と介護の強靭化

第1章

医師の偏在の実態から働き方改革を考える

高橋　泰

1 ｜ 研究の背景（制度・現状）や問題意識

　医師の働き方改革として2024年度から，医師の残業規制が導入される。

　医師の働き方改革が必要となる背景には，急激に進んだ「医師の労働観」の変化がある。医師国家試験に合格した新人医師の多くは，臨床医になるため卒後研修を経験する。今世紀初頭までは，医師国家試験後に新人医師がいきなり大学の医局に入り，専門医を目指す臨床研修（以降，旧臨床研修と呼ぶ）を行うスタイルが主流であった。大学の医局で滅私奉公的な旧臨床研修制度による初期教育を受けた現在の50歳以上の医師の多くは，**図1**の左側に示すように「医療の王道は，内科や外科。仕事中心，常に週80時間ぐらい病院にいます。請われれば，過疎地でも働きます。」というような労働観を持つ人が多い。

　2004年から臨床研修の在り方が大きく変わり，種々の診療科や診療状況を経験できるような新臨床研修制度が始まった。初期臨床研修では9時から17時の研修時間を厳格に守ることが義務付けられ，現在40歳以下の医師は，50歳以上の多くが経験した滅私奉公的な研修を経験せずに，最初の2年間の医師としての生活をスタートしている。最初の2年間の過ごし方の違いに加え，時代の価値観の変化も相まって，**図1**の右側に示すように「仕事と私生活のワークライフバランスは大切です。」という労働観を持つ若い医師が増えてきている。

　このような医師の根本的な労働観の変化があるにも関わらず，臨床研修を終えた医師がワークライフバランスの維持が難しい外科や救急を避け，ワークライフバランスが維持しやすい診療科を選ぶ傾向が15年ほど放置されていた。そ

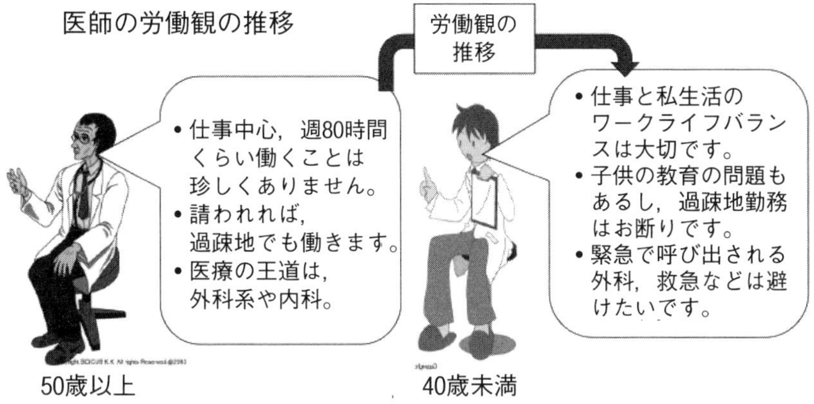

図1 医療提供体制に大きな影響を及ぼす医師の労働観の変化

の結果，医師の地域偏在と診療科偏在の問題が，深刻なものとなった。今後その傾向はますます強まるので，日本の医療提供体制を「聖職者依存型」からワークライフバランスを重視した労働観を持った医師達で運営できる「一般労働者型」に至急転換する必要に迫られているのが，医師の働き方改革を行わねばならない背景である。

　ただでさえ外科医や救急医が不足している状況の中，追い討ちをかける形で医師の働き方改革として2024年度から，医師の残業規制が導入される。長時間労働で外科や救急の現場を支えていた外科医や救急医の労働時間が強制的に短くさせられるので，2024年4月1日から突然外科と救急の提供能力が下がることが予想される。2年後に向けて適切な準備を今から進めないと，急性期医療を担っている病院を中心に大きな混乱が生じ，**図2**に示すような患者の受診にも大きな混乱を招きかねない事態が迫っている。それにも関わらず，医療界にも行政にも，その危機意識がほとんど共有されていない現状を筆者は懸念している。外科や救急を実施している病院は，その診療提供体制の変更を余儀なくされ，地域によっては外科医・救急医の集約や医療提供体制の在り方を根本から変える大きな改革となりそうである。

　今回の研究の目的は，働き方改革の影響をより正確に予測するために不可欠な医師の偏在がどのように発生したかを明らかにすることと，現状を放置した

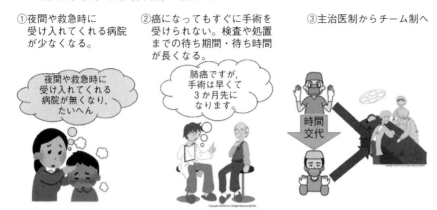

働き方改革を**患者目線**で見ると

①夜間や救急時に
　受け入れてくれる病院
　が少なくなる。

②癌になってもすぐに手術を
　受けられない。検査や処置
　までの待ち期間・待ち時間
　が長くなる。

③主治医制からチーム制へ

図2　働き方改革が実行されると発生が懸念される事態

まま2024年4月1日より始まる医師の働き方改革が始まった場合にどのような
ことが起きるかを予測し，被害を少しでも小さくするために必要な方策を提言
することである。

2 ｜ 国内外の既存研究の紹介と問題設定

　本研究で用いた「医師・歯科医師・薬剤師調査」（以降，三師調査）の個票
データは一般に公開されておらず，統計法（平成19年法律第53号）第33条の規
定に基づき申出を行い，三師調査の個票データの一部について，厚生労働省の
データの取り扱い方法に関する審査を受けて，厚生労働大臣の許可を得て入手
した。さらに時系列分析を行うためには実証分析の枠組みの項に示す複雑な
データ処理が必要なため，これまで地域別，病院/診療所別，診療科別の医師
数の推移を調べた研究は，筆者の研究グループ以外では皆無である。

3 ｜ 研究成果の紹介・解説

3.1　医師国家試験合格者の推移

　図3は，医師国家試験合格者数の年次推移を示している。1946年の第1回医師国家試験から2018年に行われた第112回試験までに43万6,309人の合格者が輩出された。1952年（昭和27年）から1974年（昭和49年）にかけては，3,000人から4,000人のペースで，毎年医師が輩出されてきた。1970年の秋田，杏林，北里，川崎医大の医学部の新設を皮切りに1979年の琉球大学まで1970年代に32大学で医学部が新設された。

　1970年に新設された医学部の第1期生が卒業した1976年から，1979年に新設された医学部の第1期生が卒業した1985年にかけて医師国家試験の合格者数は4,000人から8,000人に急増した。その後1985年から2015年にかけての30年間は，8,000人±500人程度で推移していた。その後2009年に医学部定員増が打ち出され，その成果が本格的に表れる2018年からは，9,000人程度の合格者が輩出れる。

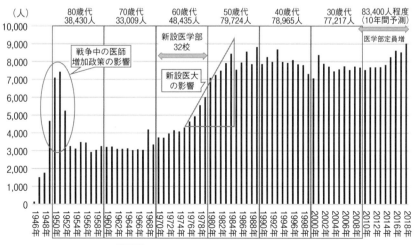

図3　医師国家試験合格者数推移

3.2　医師という集団の経年的変化

3.2.1　性別にみた医師数の推移

　図4に，性別の医師・歯科医師・薬剤師調査へ届け出た医師数（以降，届け出医師数）の時系列推移を示す。届け出医師数は，1996年24万908人が2006年に27万7,927人になり，この間15%の増加を示した。また，2016年に31万9,480人になり，この間も15%の増加，1996年から2016年の20年間に33%の伸びを示した。

　性別でみると，男性医師は，1996年の20万8,649人から2016年の25万1,987人へと21%増加した一方で，女性医師は，3万2,259人から6万7,493人へと109%の大きな伸びを示した。この結果，全医師数に占める女性医師の比率は1996年の13%から2006年17%，2016年21%と上昇した。

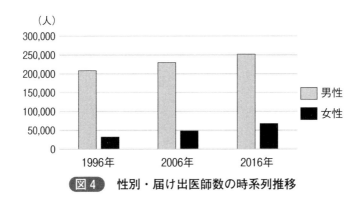

図4　性別・届け出医師数の時系列推移

3.2.2　年齢階級別にみた医師数の推移

　図5に，年齢階級別の届け出医師数の時系列推移を示す。

　医師数の推移を年齢階級別にみると，表の一番右側の列に示すように，1996年から2016年にかけて，20歳代医師は2万7,967人から2万7,951人と増減がみられず，30歳代医師は6万8,835人から6万6,714人へと3%減少した。一方，40歳代医師は5万8,346人から7万873人へと21%増加し，50歳代医師は2万

7,993人から 7 万728人へと153%の激増，60歳代医師も 3 万910人から 5 万2,537人へと70%の大幅な増加を示した。また，70歳代医師は 2 万1,391人から 1 万9,421人へと10%減少したが，80歳代医師は5,466人から 1 万1,436人へと109%の大幅な増加を示した。

　1996年から2016年にかけて，総医師数は33%増加したが，年齢階級別に見た医師数の増加の大半が50歳代と60歳代の医師の増加によることが確認された。

　図 5 に示すように，1996年から2016年にかけて，50歳代医師が 2 万7,993人から 5 万6,603人，7 万728人と急増したのは次の理由によると考えられる。

　まず，1996年の50歳代は現在の70歳代に相当し，**図 3** に示すように医学部新設の前の医学部定員の少ない時代に医学教育を受けており，当該世代の国家試験の合格者数は 3 万3,309人にとどまっていたことによる。

　1996年から2006年にかけて50歳代が 2 万7,993人から 5 万6,603人へと倍増したのは，1996年の40歳代は現在の60歳代に相当し，**図 3** に示すように医学部新設によって医学部定員が急増した時代に医学教育を受けたために，当該世代の国試の合格者数が 4 万8,435人と10年上の世代よりも大幅に合格者数が増えたからである。

	1996年	2006年	2016年	1996→2016年
総計	240,908	277,927	319,480	33%
20歳代	27,967	26,350	27,951	0%
30歳代	68,835	67,059	66,714	−3%
40歳代	58,346	70,795	70,873	21%
50歳代	27,993	56,603	70,728	153%
60歳代	30,910	24,931	52,537	70%
70歳代	21,391	21,792	19,241	−10%
80歳以上	5,466	10,397	11,436	109%

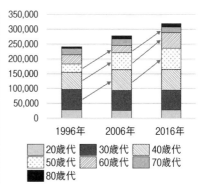

図 5　**年齢階級別の届け出医師数の推移**

3.2.3　診療科別の臨床医数推移

　図 6 に，診療科別の臨床医数の1996年から2016年にかけての推移を示す。

　1996年から2006年にかけて，医師（臨床医）総数は，230,297人から263,540人へと33,243人（14.4%）増加した一方で，外科総数が26,070人から23,224人へと10.9%減少し，産婦人科総数も12,422人から11,783人へと5.1%減少した。耳鼻咽喉科が0.8%とほぼ横ばい，内科総数が6.0%，小児科が6.7%と微増し，その他の診療科は10%以上増加していた。特に形成外科は46.1%，リハビリテーション科は105.2%と激増していた。

　2006年から2016年にかけて，医師（臨床医）総数は，263,540人から304,759人へと，41,219人（15.6%）増加した。この期間は全ての診療科において医師が増加しているが，外科総数が3.7%，眼科が6.3%，耳鼻咽喉科が4.1%と微増した一方，救急科が91.0%と激増していた。

　1996年から2016年の推移をみるとほとんどの診療科で増加しているが，外科総数のみ7.7%と減少していた。リハビリテーション科，形成外科，麻酔科，その他，放射線科，心臓血管外科，精神科が大きく伸び，耳鼻咽喉科が5.0%，産婦人科総数が5.9%と微増であった。

診療科区分	医療施設・総数								
	1996年	1996→2006		2006年	2006→2016		2016年	1996→2016	
		増減数	増減率		増減数	増減率		増減数	増減率
医師総数	230,297	33,243	14.4%	263,540	41,219	15.6%	304,759	74,462	32.3%
内科総数	94,495	5,702	6.0%	100,197	13,491	13.5%	113,688	19,193	20.3%
小児科	13,781	919	6.7%	14,700	2,237	15.2%	16,937	3,156	22.9%
精神科	10,093	2,381	23.6%	12,474	3,135	25.1%	15,609	5,516	54.7%
外科総数	26,070	-2,846	-10.9%	23,224	849	3.7%	24,073	-1,997	-7.7%
小児外科	554	107	19.3%	661	141	21.3%	802	248	44.8%
心臓血管外科	2,027	558	27.5%	2,585	552	21.4%	3,137	1,110	54.8%
脳神経外科	5,634	607	10.8%	6,241	1,119	17.9%	7,360	1,726	30.6%
整形外科	16,423	2,447	14.9%	18,870	2,423	12.8%	21,293	4,870	29.7%
形成外科	1,307	602	46.1%	1,909	684	35.8%	2,593	1,286	98.4%
皮膚科	6,796	1,049	15.4%	7,845	1,257	16.0%	9,102	2,306	33.9%
眼科	10,982	1,380	12.6%	12,362	782	6.3%	13,144	2,162	19.7%
耳鼻咽喉科	8,834	75	0.8%	8,909	363	4.1%	9,272	438	5.0%
泌尿器科	5,174	959	18.5%	6,133	929	15.1%	7,062	1,888	36.5%
産婦人科総数	12,422	-639	-5.1%	11,783	1,371	11.6%	13,154	732	5.9%
リハビリテーション科	904	951	105.2%	1,855	629	33.9%	2,484	1,580	174.8%
放射線科	4,192	691	16.5%	4,883	1,704	34.9%	6,587	2,395	57.1%
麻酔科	5,046	1,163	23.0%	6,209	2,953	47.6%	9,162	4,116	81.6%
救急科	0	1,698	-	1,698	1,546	91.0%	3,244	3,244	-
臨床研修医	0	14,402	-	14,402	2,299	16.0%	16,701	16,701	-
その他	5,563	1,037	18.6%	6,600	2,755	41.7%	9,355	3,792	68.2%

図6　診療科別の臨床医数の推移

3.3　30歳代医師の診療科別臨床医数推移

　今後の医療提供体制に大きな影響を及ぼしそうな診療科を抽出し，その医師数の推移を**図7**に示す。例えば，30歳代の小児科全体の医師数は1996年から2016年の20年間に25％増加しており，その増加は女性小児科医の増加によるものである。外科総数（外科，乳腺外科，消化器外科（胃腸外科），肛門外科，気管食道外科，呼吸器外科を標榜科とする医師の総数），脳神経外科，整形外科は，女性医師が2〜3倍と大きく増加しているが，男性医師が大きく減少しており，その減少を補っていない。30歳代の眼科，耳鼻科医師は全体で36％，31％の減少であるが，特に男性医師の減少が顕著である。産婦人科や放射線科は全体で増加しているが，男性医師の大幅な減少を上回る女性医師の増加の結果である。麻酔科は，男性が2％減少となった。一方で，女性が247％増加し，30歳代では女性医師の数が男性医師の数を上回る状況になった。

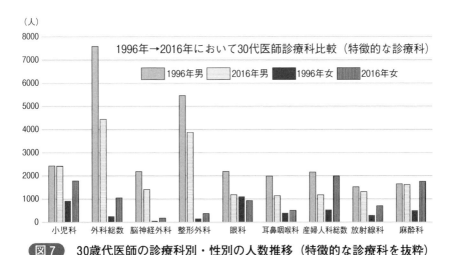

図7　**30歳代医師の診療科別・性別の人数推移（特徴的な診療科を抜粋）**

　次に，働き方改革の焦点の一つである救急科について述べる。救急科は2006年の三師調査における標榜診療科の変更で新設された診療科である。それ以前の救急センターには，一般外科，脳外科，循環器内科，麻酔科などから派遣された医師の構成チームで運営され，三師調査では自分の所属先の診療科を標榜

科目として選んでいたと思われる。2006年の標榜科目の変更により1,698人が救急科を自分の標榜科目として救急科を選んでいる。その後，臨床研修を終え，直接救命救急センターに入職する若手医師が現れるようになり，2016年に救急科を標榜する医師は3,244人になり，2006年と比べ　1,546人増（91％増）となった。増加率は高いが，救急医の平均労働時間の長さから考えると，まだ救急医の数は必要数に遠く及ばないと思われ，次節で述べる働き方改革の影響を大きく受ける診療科であると予想される。

3.4　医師の地域偏在に関連が深いと思われる項目の経年的変化

　国家試験に合格した医師の多くは，20歳代で卒後臨床研修を終えたのち自分の専攻する診療科を選び，30歳代になると自分の専門とする診療科で臨床を行い，その後数十年間臨床活動を行う。したがって，30歳代のグループがどのような診療科，勤務地を選んだかが，今後の医療提供体制に大きな影響を及ぼす。
　本節では，医師の地域偏在や診療科偏在の原因を探るため，30歳代を中心に性別・年齢階級別に地域（大都市／地方都市／過疎地域）別，勤務場所（病院／診療所）別，診療科別の医師数の推移を示す。

3.4.1　「過疎地域」と「大都市」勤務比率の男女別・年代別推移

　図8は，「過疎地域」勤務比率の性・年齢階級別の推移である。この図は，例えば，1996年には，20歳代の男性勤務医の8％，女性勤務医の3％が過疎地に勤務していたことを示している。この図より，
(1)　1996年から2016年まで女性の過疎地勤務比率は，男性と比べ一貫して低い
(2)　近年，若い男性医師の過疎地勤務比率が，急激に低下している
ことが読み取れる。**もともと過疎地での勤務比率が低い女性医師の全体的な増加と，男性若手医師の過疎地勤務比率の急速な低下が相まって，過疎地の若手医師が急減**しているということになる。

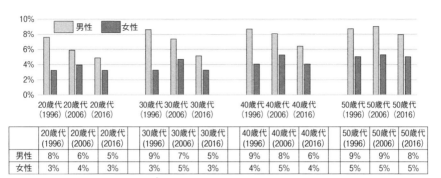

	20歳代 (1996)	20歳代 (2006)	20歳代 (2016)	30歳代 (1996)	30歳代 (2006)	30歳代 (2016)	40歳代 (1996)	40歳代 (2006)	40歳代 (2016)	50歳代 (1996)	50歳代 (2006)	50歳代 (2016)
男性	8%	6%	5%	9%	7%	5%	9%	8%	6%	9%	9%	8%
女性	3%	4%	3%	3%	5%	3%	4%	5%	4%	5%	5%	5%

図8　「過疎地域」勤務比率の性年齢階級別推移

3.4.2　「病院勤務」比率と「診療所勤務」比率の性年齢階級別推移

　病院／診療所勤務比率に大きな影響を及ぼすと思われる「診療所」勤務比率の男女別推移を**図9**に示す。この図より，

(1)　女性の診療所勤務比率は，調査時点や年代を問わず男性よりも高い。

(2)　1996年から2006年における一時的な開業ブームによる2006年50歳代の男性52%，女性65%を除けば，診療所勤務比率は男性も女性も低下傾向にある。特に，2006年から2016年にかけて，30歳代女性，40歳代及び50歳代の男性と女性の低下率が大きく，若手医師の開業志向が以前より低下してきているようである。

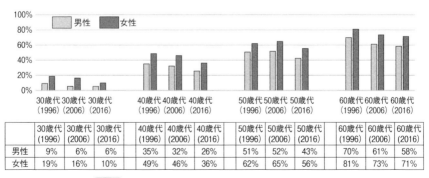

	30歳代 (1996)	30歳代 (2006)	30歳代 (2016)	40歳代 (1996)	40歳代 (2006)	40歳代 (2016)	50歳代 (1996)	50歳代 (2006)	50歳代 (2016)	60歳代 (1996)	60歳代 (2006)	60歳代 (2016)
男性	9%	6%	6%	35%	32%	26%	51%	52%	43%	70%	61%	58%
女性	19%	16%	10%	49%	46%	36%	62%	65%	56%	81%	73%	71%

図9　性年齢階級別の診療所勤務比率の推移

　地域差があるが，2000年代中盤の開業ブームが落ち着き，若手医師が都市での病院勤務を選択する傾向が強くなってきている。また診療所も，若手医師が地方都市と過疎地域での開業を選択しない傾向が続けば，10年後には開業医の高齢化と減少により，地域医療や地域包括ケアの維持に大きな支障が生じる可能性が高い。

4 政策的含意や残された課題など

4.1 医師の診療科と地域偏在の放置により，日本の医療が現在向っている方向

　過去15年間わが国では，医師の診療科偏在・地域偏在の問題に対する抜本的な対策が打たれず，放置に近い状況にあった。この間医師の労働観の変化が急速に進み，夜勤のない9時〜5時的診療を望む若い世代の医師が確実に増え続けてきている。これまでこの問題があまり顕在化してこなかったのは，50歳以上の旧臨床研修世代の医師が，外科医療と過疎地医療を支え続けてきたことが大きい。しかしこの旧臨床研修世代が2030年には全員60歳を超え，この世代の引退が顕著になり，日本の医療提供体制は，新臨床研修世代が担うことになる。その結果，日本の医療は，大都市の軽症向けのクリニックなどの受診は便利になるだろうが，癌になったときに手術をしてくれる外科医や，心筋梗塞や脳卒中が発症した時に対応する救急部門で働く医師が減少し，「生命に関わる肝心な時に診てもらえない」方向に向かっている。また，「過疎地で勤務を行う」医師も今後急激に減少する方向に進み，過疎地医療の存続が難しくなっていくだろう。

4.2 働き方改革と医師の偏在

4.2.1 病院別，診療科別に見た働き方改革の影響の大きさ

　2024年4月から実施される働き方改革においては，医師の時間外労働時間上

限は原則「年960時間」，一部「年1,860時間」の特例 の２つの基準が設けられ
る見込みである。１週間の労働時間が40時間を基準とすると，年間960時間の
上限では週58時間が，年間1,860時間では週75時間が，上限となる。

　働き方改革の基礎資料としてよく活用される2016年に行われた「医師10万人
調査」によると，回収率15.7％と低いが，病院勤務医の４割が週58時間を超え
て働き，１割は週75時間を超えている。週75時間を超えて働く医師のいる医療
機関は病院全体の約３割，大学病院の約９割，救急機能を有する病院の３割
（救命救急センターを有する病院では８割）である。診療科別の週平均勤務時
間では，「救急科」（55.9時間），「外科系」（54.7時間），「臨床研修医」（53.8時
間）がトップ３であった。以上より，働き方改革で影響を受ける医師は，大学
や地域の中核病院など一部の病院に集中し，特に救急医療，外科，研修医が，
大きな影響を受ける改革であることを認識することは，非常に重要である。

　一方，残業規則を違った角度で見ると，「週58時間を超える時間外労働を
行っていない医師は，働き方を変える必要がない」ということになる。厚生労
働省による2019 年度勤務医不足と医師の働き方に関するアンケートによると，
１ カ月の平均時間外勤務時間が50時間（週52時間勤務相当）を超える医師は
8.9％であり，この調査によると，働き方改革の対象となる医師の比率は，決し
て高くない。働き方改革を進めるうえで意外に大切なことは，多くの病院，多
くの診療科の医師にとっては，直接的には影響がほとんど無い改革であること
を認識することである。

4.2.2　医師の働き方改革が実施されると何が起きるか

①　夜間・休日対応病院の減少・地域の救急医療提供能力の急激な低下

　働き方改革が実施されると，長時間労働を放置すると労働基準法違反になり，
違反を行った場合は，その管理者は逮捕を含めた罰則が適用される。それでは，
病院内で何が起きるのだろうか。この問題を考えるうえで最も参考になるのが，
労働基準監督署の調査が入り，働き方改革に既に着手していた聖路加国際病院
や聖マリア病院などの事例である。これらの病院で実施されたことは，土曜日
の外来の中止や，夜間の配置医師数の減少などである。その結果，聖路加国際

病院では月の平均残業時間が95時間から35時間まで減少した。働き方改革が実施されると，多くの病院が医師の勤務を昼の時間帯に集中し，休日や夜間の対応を中止・縮小する方向に進むことが予測される。

　働き方改革が開始される2024年に筆者が最も心配していることは，これまで地域の救急を担っていた多くの医療機関が休日や夜間の救急の対応を一斉に縮小し，地域の救急対応能力が急激に低下することである。このようなことが実際に起きれば，休日や夜間に救急を行っている病院に患者が集まりすぎ，それらの病院がパンク状態になる可能性が高い。このような事態が起きないような事前の準備・対策が求められる。

②　外科が主治医制からチーム制に

　外科系診療科で行われている，一人の医師が手術を行い，その日は病院に泊まり込み，術後管理までを行うような「主治医制」の継続は，労働基準法的に見て難しくなってくる。労働基準法を遵守しながらこれまで病院は提供していた手術数を維持するには，「主治医制」から複数の外科医がチームを組んで一人の患者を担当する「チーム制」へ移行せざるを得ないだろう。また，チーム制で長時間手術を行う場合，執刀時と手術終了時の医師が変わっているような事態が起きうることも含めて，働き方改革が始まる前から国民に行政や病院が「主治医制」医療から「チーム制」医療への移行の必然性について，患者に対して事前に十分に説明する必要が出てくるだろう。

③　救急・外科系診療科を中心に，集約化が進む地域もある

　大学病院が，働き方改革後もこれまでと同数の手術数を保つためには，例えば8名の外科医を大学に戻す必要があるという判断を行い，地域の病院から外科医を8名引き上げるようなことが起きる可能性も決して低くない。逆に，これまで夜間の当直バイトなどで生計をたてていた無給の医局医師に十分な給与を払えない大学病院からは，医師が流出し，診療・教育・研究という機能を果たせなくなるところがでてくるかもしれない。働き方改革を契機に，外科医や救急医療に関わる医師の移動が始まる可能性は決して低くないだろう。

　一方，チームを組むのに必要な外科医や救急を担当する医師の確保ができな

い病院や，夜間の医療の多くをバイト医師に依存している病院では，働き方改革が始まると祭日・夜間対応の縮小や中止，手術を減らす・中止する，診療内容を縮小するという苦渋の決断をせまられる病院も出てくるだろう。

　働き方改革後も医療提供体制を現在とほとんど変えずに対応する地域も少なくないが，地域によっては，地域の医療を守るため，地域医療構想会議などで話し合い，他病院への医師の派遣を含めた救急対応の当番制の強化や集約化が進む地域がでてくる可能性もある。地域の各病院に救急を担当する医師や外科医が分散していると，夜間数人しか訪れない患者に，毎回当直医が起こされて対応をせまられるなど，極めて医師の効率が悪いことが多い。一方，集約が進めば，広範囲から多くの患者が集まるが，チームを組むことにより余裕をもって対応が可能になり，より専門性の高い医療が提供できるようになる。

4.3　対策

　まず，働き方改革の対象となる診療科や過疎地で診療をする医師へのインセンティブ（誘因）を大きくし，外科系・救急・過疎地域で従事する医師の数を少しでも増やしておくことだろう。それには外科医や救急医の労働時間を週60時間以下にすることを確約するとともに，経済的メリットがはっきりみえる優遇策，例えばドクターフィー（手術や救急対応の診療報酬を病院でなく医師に直接支払う）を導入することが有効だろう。また過疎地などへの医師の派遣に関しては，医療不足地域での臨床経験を診療所も含めた院長要件とすることなどが考えられる。

　地域の手術や救急の対応能力を維持するには，手術や救急を担う病院の集約化が効果的だ。それにはまず，各病院が働き方改革のルールに従った場合に手術や救急の提供件数がどの程度減るかシミュレーションをして，その結果を地域ごとに集約し，地域レベルでの医師数や提供可能な手術数・救急能力を協議する必要がある。その結果を基に集約や転換に向けた地域の枠組みをつくり，各病院向けに集約や転換に向けた公的資金を用意する必要がある。こうしたシミュレーションや準備なしに働き方改革を進めるのは，あまりにもリスクが大きい。医療機関や地域の準備状況をみながら，段階的に働き方改革を進める配

慮が必要だろう。

　同時に，情報通信技術や業務移管を通じて１人の外科医が手掛ける手術件数を増やすなどの医師の生産性向上に努めることも重要だ。国民には医師の働き方改革が自らの命と直結するものだと周知し，医療という限りある資源の適切な利用を考えてもらう必要がある。それとともに，副作用を小さくするための行政支援や病院内での改革が確実に実施されるよう機運を盛り上げていくことも肝要だ。

│ 参考文献 │

関本美穂・井伊雅子（2013）「医師数，医療機関数，病床数，患者数のバランスから評価した医療資源の地域格差とその推移」『厚生の指標』第60巻第11号pp.1-8

高橋泰・石川雅俊・柏原純一（2011）「２次医療圏をもとに日本の医療提供体制を考える　第３回　地域特性，医療提供状況レベルにより２次医療圏を区分する」『社会保険旬報』２月１日号，18-24

高橋泰・石川雅俊・江口成美（2018）「二次医療圏別医師数データ集 -医師の地域別・診療科別偏在と将来推計に関する地域別報告-」日医総研ワーキングペーパー No.419，1-2700，2018-11-13

高橋泰・石川雅俊・渡部鉄平・江口成美・福田昭一（2018）「医師の地域偏在・診療科偏在は，どのような過程を経て進んだか？(1)」『社会保険旬報』８月21日，10-15

高橋泰（2020）「三位一体改革の考え方　働き方改革が始まると何が起きるか（上）」『社会保険旬報』８月21日号，6-11

高橋泰（2020）「三位一体改革の考え方　働き方改革が望ましい方向に進むための５つの提言とビジョン（下）」『社会保険旬報』９月１日号，6-11

福田昭一・渡部鉄兵・高橋泰（2018）「診療科別医師数の地域間格差及びその動向に関する研究」『日本医療・病院管理学会誌』55(1)9-18

前田由美子（2015）「医療提供体制のこれまで」日医総研ワーキングペーパー No.348

Kobayashi, Y. and H. Takaki（1992）"Geographic distribution of physicians in Japan," *Lancet* 340（8832）, pp. 1391-3.

Toyabe, S.（2009）"Trend in geographic distribution of physicians in Japan", *International Journal for Equity in Health.*

第**2**章

高齢化と介護労働者の賃金

山田 篤裕・石井 加代子

1 はじめに

　日本では，家族介護に頼ることのできない高齢単身世帯が増加する中，高齢者（65歳以上）が急増する局面（2000〜2025年）から，現役世代（15〜64歳）が急減する局面（2025〜2040年）へと移行している。2018年から2040年までの間に就業者は6,580万人から5,650万人へと急減する一方，2040年時点で必要な医療・福祉従事者は1,060万人，すなわち就業者の19％に達すると予測されている（介護給付費分科会2020a:3）。

　そうした中，介護労働不足が懸念されている。政府推計によれば，需要を満たす介護労働者は2025年には245万人となり，毎年新たに6万人ずつの介護労働者の増加が必要とされる。しかし，2019年時点で全産業の有効求人倍率が1.5倍であるのに対し，介護職関連の有効求人倍率は4.2倍と高い（介護給付費分科会2020a:5, 16）。訪問介護労働者の有効求人倍率は15倍にも達する（介護給付費分科会2020b:53）。

　こうした介護労働者の需給ギャップ要因の一つとして指摘されているのが，他産業・他職種と比較した勤続年数の短さおよび賃金の低さである。全産業平均と比較し介護職員は，平均年齢が同じであるにも関わらず，平均勤続年数は4年短く，平均賃金は23％低い（介護給付費分科会2020a:7-12）。

　しかし平均勤続年数が全産業と比較して介護産業で短いのは，介護労働市場ができて20年しか経っていないからかもしれない。事実，5年に1年ほどのペースで介護労働者の勤続年数の中央値は長くなってきている（Yamada and

Ishii 2021: 84）。

　また地域差や特定の産業・職種（例えば賃金が低い他のサービス業）との競合が存在するのであれば，賃金を全地域・全産業平均に合わせて23％引き上げるよりも，その地域の競合産業・職種と比較して賃金を引き上げた方が良いかもしれない。

　したがって，介護労働者の需給ギャップを解決するには，競合セクターを特定し，そのセクターの賃金水準を参照して介護労働者の賃金水準をより適正に設定することが第一歩となる。そこで本章では，国を代表する大規模な個票データである「就業構造基本調査」を用い，介護労働者の基本属性，他職種・他産業間での労働移動から競合産業・職種を特定したうえで，介護労働者の賃金の適正水準を地域ごとに示すことを目的とする。

　本章の構成は以下の通りである。次節で制度的背景を説明したうえで，第3節では先行研究を紹介し，たんに賃金を引き上げても，離職率は減少するにせよ，必ずしも介護労働者の供給は増えないことを指摘する。第4節で分析枠組みを示し，第5節で介護労働者の基本属性の長期的な変化，とりわけ女性介護労働者の高齢化と，男性介護労働者の比率が他の先進国と比べ最も高まっていることを示す。そのうえで，労働移動の実態からみた競合産業と，それらの産業と比較した地域レベルでの介護労働者の賃金の具体的な適正水準を明らかにする。第6節で本章の知見とその政策含意を述べる[1]。

2 ｜ 制度的背景

　日本における5番目の社会保険として介護保険制度が2000年に施行されて以来，20年が経過した。この20年間に，認定をうけた要介護者も，介護労働者も3倍に増大した（介護給付費分科会2020a: 4）。介護労働市場は過去20年の間に急速に拡大してきたといえる。

　介護「保険」という名称ではあるが，40歳以上の被保険者が支払う社会保険料は財源の50％を賄うに過ぎない。残り50％の財源は公費で賄われている。この50％の公費は，国庫，県と自治体が分担する。そのため，介護保険料を引き上げるには，保険者である市町村，被保険者や介護保険料の一部を負担する雇

用主以外に，税財源を確保するため県や財務省も説得しなくてはならず，介護
保険は常に厳しい財政制約に直面してきた。

　一方，公的介護保険サービスの公定価格である介護報酬の基準額は，介護
サービスの種類ごと，利用者の要介護度，地域に応じ，厚生労働大臣が介護給
付費分科会の意見を参考にして決める（国立社会保障・人口問題研究所 2019:
45）。上記の厳しい財政制約を反映し，介護報酬はしばしばマイナス改定され
た。2003年から2018年までの改定率を単純に合計すると，この間，消費税が
5％から8％に引き上げられたにも関わらず，－0.46％となっている[2]。

　介護料収入に占める給与費率は，サービスの種類に応じ60％から80％と比較
的高く労働集約的であるうえ，その比率も長期的に上昇傾向にある（介護給付
費分科会2019）。マイナス改定は，介護料収入の大部分を占める介護労働者の
賃金に対し負の影響を与えた可能性がある。

　こうした負の影響を緩和するため，政府はキャリア・パスに応じて介護労働
者の処遇を改善するための補助金を2009年より導入[3]し始めた。これらの補助
金は年々上乗せされ，2017年までの期間で，平均して月額5万7千円の賃金を
引き上げることを可能にした。しかし，この間，介護労働者の間で平均勤続年
数も長くなっている。一般的に賃金は勤続年数により増加することを考慮する
と，例えば，2009年から就業を続けている介護労働者にとって，月額5万7千
円の賃金改善額は十分ではないかもしれない。

　また介護報酬は，人件費の地域差を調整するため，8つの地域区分を設け，
地域区分ごとに人件費の割合に応じ1単位当たりの単価を割増ししている。し
かし，この地域区分による単価割増（地域加算）は，決められた予算の中で，
介護保険費用の配分を地域間で調整するためのものであり，加算により財政が
膨張することはない。すなわち政府は「財政中立」を原則として地域加算を運
用している（介護保険給付費部会2019:1）ため，単価割増は人件費の地域差の
絶対額を埋め合わせるには不十分かもしれない。

　また，この加算の地域区分は，2012年以前は5区分であったが，地域による
人件費の相違をより細かく反映するため，2012年度以降は7区分，2015年度以
降は8区分（1〜7級地，その他）に細分化した経緯がある。現在の8地域の
割増率は，各々20％，16％，15％，12％，10％，6％，3％，0％となってい

る。最も高い20％の割増率は東京都区部（１級地）のためのものである。この割増率は，地域ごとの民間事業者の賃金水準等を反映させた，公務員の地域手当に準拠し設定されている（介護給付費分科会2019:1-4）が，それが競合産業と比べ介護労働者の賃金をより魅力的なものとするのは十分かどうかは明らかでない。

3 | 関連研究および問題の所在

　介護労働者の勤続年数が短く，賃金が低いことは日本固有の問題ではない。最新の包括的な国際比較研究によれば，OECD加盟国共通の特徴として，介護労働者は，病院の類似職種と比較して賃金が低いことや，非正規雇用が多いこと，昇進があまり見込めず，物理的・精神的ストレスが強いことが指摘されている。また，介護労働者の勤続年数が相対的に短いことも指摘されている（OECD 2020: 94-114）。

　実際，日本における一連の実証研究も，賃金水準の低さが介護労働者の離職率を高めていることを繰り返し指摘してきた。岸田・谷垣（2013），山田・石井（2009），小檜山（2010）は介護労働者の相対賃金水準が低いと，離職意向ないし転職希望を高めることを示した。また張・黒田（2008），花岡（2009），鈴木（2011），花岡（2011），上野・濱秋（2017）も，介護労働者の相対賃金水準が低いと，実際の離職率ないし早期離職率を高めることを示した。

　前節で説明したように，政府は介護報酬を抑制する一方，人件費が高い地域に地域加算，そしてキャリア・パスに応じた賃金補助金を提供することにより，介護労働者の賃金改善を図ってきた。

　一連の先行研究は，こうした施策が介護労働者の賃金に影響を与えたことを示している。周（2009）と山田・石井（2009）は2003年および2006年の介護報酬のマイナス改定が，介護労働者の賃金を下落させた可能性を示した。上野・濱秋（2017）とKondo（2019）は，都市部の介護報酬を引き上げた2009年と2012年の改正は，介護労働者の所定内給与には影響を与えず，一時金や賞与のみ増大させただけであったと結論付けている。一方，小林（2019）は，2015年の介護報酬の引き上げは，新規求人者の所定内給与を増大させたことを示した。

　しかしより重要なこととして，鈴木（2010），上野・濱秋（2017）そして Kondo（2019）は，介護労働者の賃金の増加が離職率を引き下げるとしても，必ずしも介護労働者の労働供給を増加させるわけではないことを指摘している。鈴木（2010），上野・濱秋（2017）は，賃金率の上昇が労働時間を短縮させること，さらにKondo（2019）は賃金率が上昇しても労働者数は増加しないことを各々示した。

　では，介護労働者の労働供給を増やすためには，どの程度の賃金引き上げが望ましいのか。介護労働者がどのセクターから流入し，どのセクター（産業・職種）へ流出していくのかを明らかにすることは，介護労働者の供給不足を解明するための鍵となるだろう。特定のセクター（例えば賃金が介護職よりも高い他のサービス業）との競合が存在するのであれば，地域加算は十分ではないかもしれない。したがって，そのセクターの賃金水準を参照することで介護労働者の賃金水準をより適切に設定することが可能となる。

　私たちの知る限り，日本の介護労働者のセクター間労働移動に関する定量的な知見は，山田・石井（2009）や鈴木（2011）を除けば，ほとんどない。山田・石井（2009）は介護労働者の流入源として，新規就業者や他産業からの転職が他産業と比較して相対的に多いが，2002年から2007年までにその割合が急減したことを示した。また鈴木（2011）は小規模インターネット調査に基づき，離職者の多くが医療・福祉産業に再就職していることを示した。

　そこで本章では，最新かつ大規模調査データに基づき，主に2つのことを明らかにすることを目的とする。第一に介護労働者の基本属性の変化，そして労働移動の実態から競合産業・職種を明らかにする。第二に，性別，教育水準，勤続年数等の個人属性を統御したうえで，競合産業と比較した地域レベルでの介護労働者の賃金の適正水準を明らかにする。

4 ┃ データと分析の枠組み

　本章の分析には総務省「就業構造基本調査」（以下，「就調」）の個票データ（主に2017年）を用いる。この調査は全国から無作為に抽出された約50万世帯における15歳以上の世帯員すべて（約100万人）を対象としている。

　この大規模調査を用いる利点は３点ある。第一に，名前のとおり，現在と過去の「就業の構造」を把握することができる。具体的には，現在の就業状況に加えて，１年前の就業状態や前職の情報から，介護労働者のセクター間の移動を把握できる。第二に，就業構造に加え，性別・学歴といった個人属性や，配偶者の有無，世帯所得，離職意向にいたるまで，さまざまな変数が入手可能な点である。第三に，大規模な調査であり，産業・職種・地域に分け分析を行ったとしても十分なサンプルサイズの確保が可能であるため，競合産業・職種と比較した介護職の相対的な賃金水準が把握可能なことである。

　介護労働市場は過去20年間で急速に拡大したため，他産業・他職種と介護労働者の賃金とを比較する際，短い勤続年数等，雇用者の個人属性を統御することが重要である。具体的には，60歳未満の雇用者（つまり自営業者，会社役員などは除く）を対象に，労働経済学に基づく計量的手法を用いて，これらの個人属性を統御したうえで，競合産業・職種と比較した介護労働者の地域レベルでの相対賃金を推計する。

　ただし，前職の賃金や労働時間などの情報はないため，賃金率が継続就業期間にどのような影響を与えるのかまでは分析できない。さらに前職の産業・職業分類については，大分類での把握となっていることに留意する必要がある。

5 ｜ 介護労働者の労働移動と賃金の適正水準

5.1　介護労働者の構成

　OECD加盟国共通の傾向として，介護労働者に占める男性割合は低く，OECD加盟国平均で10％未満である。しかし，比較対象国の中で日本の介護労働者に占める男性比率は最も高く，20％を超える（OECD 2020: 43-44）。

　図1は就調で把握された性・年齢別の介護労働者の構成人数を示している。2002年から2017年までの間に，介護労働者全体では２倍に増大した一方，男性の介護労働者は同期間に３倍も増大した。

　より興味深いことに，60歳以上女性の施設介護労働者は同期間に12倍に増大した。2017年時点で60歳以上女性の施設介護労働者は，全介護労働者の15％を

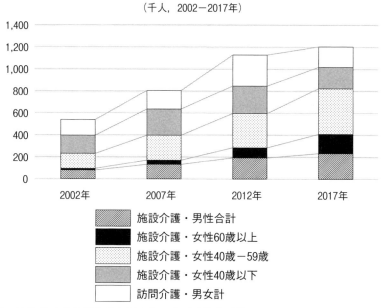

（千人，2002－2017年）

出所：総務省「就業構造基本調査」に基づく筆者計算。

図1　**介護労働者の年齢階級別／施設・訪問別／性別構成**

占める。これは介護保険創設以降，就業率が相対的に低かった中高年女性の多くが介護労働者の供給源であったため（山田・石井 2009），そうした中高年女性が今や高齢化していることに起因する。一方，40歳未満の女性の施設介護労働者は2012年から2017年に減少したこともわかる。

　このことは2つのことを意味する。第一に介護労働者の供給不足は，高齢化した女性の施設介護労働者が引退することで深刻化する可能性がある。第二に介護労働者の代替の供給源として，男性労働者の動向も重要なカギを握っている。

5.2　介護労働者の流入源・流出先

　介護労働者はどのセクターから流入し，またどのセクターに流出しているのか。**図2**は2017年時点において勤続年数が3年以内の介護労働者がどの産業か

ら流入してきたのかを示している。データ制約により，前の職種の詳細までは
特定できないが，41％は介護と同じ産業である，医療・福祉からの流入である。
残り40％が他産業からの流入である。そして他産業からの流入の半分（19％）
は，卸売業・小売業（8％），製造業（7％），そして宿泊業・飲食サービス業
（4％）の3産業からの流入である。

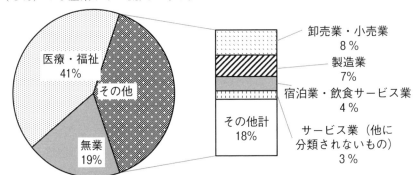

注：2017年時点で勤続3年以内の介護労働者における前職を示している。
出所：総務省「就業構造基本調査（2017年）」に基づく筆者計算。

図2　介護部門への労働流入源

　一方，**図3**は，2017年時点において過去3年以内に介護労働者を離職した人

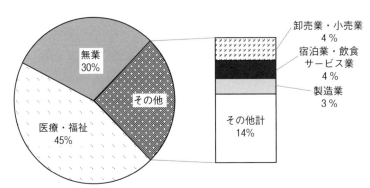

注：2017年時点で，過去3年以内に介護労働を離職した人における現職を示している。
出所：総務省「就業構造基本調査（2017年）」に基づく筆者計算。

図3　介護部門からの労働流出先

が，どの産業に流出しているかを示している。高齢による引退を理由とした離職を除くため，ここでは離職者を60歳未満に限定している。同じくデータ制約により職種の詳細までは特定できないが，45％は介護と同じ産業である，医療・福祉に流出している。また25％は他産業に流出しているが，やはりその半分弱（11％）が卸売業・小売業（4％），製造業（3％），そして宿泊業・飲食サービス業（4％）の3産業への流出となっている。

　以上をまとめると，第一に介護労働者の多くは同じ産業内，すなわち医療・福祉産業内で行ったり来たりしている。第二に，卸売業・小売業，製造業，そして宿泊業・飲食サービス業が，介護労働者に関する主要な競合産業となっている。

　次節では，これらの競合産業の賃金水準を勘案した場合の，介護労働者の賃金の適正水準について地域別に検討する。

5.3　地域ごとの産業・職種賃金プレミアム

　介護労働者の賃金水準が適正かどうかを判断する一つの方法は，前項で確認した競合する他産業・他職種との賃金に比べて低いかどうかを検証することである。そこで，男女別，正規・非正規別，介護報酬の地域加算に対応する8地域別に，介護労働者を含む産業・職種毎の賃金プレミアム（相対的な賃金の高さ・低さ）を測定することで検証する。

　図4は，製造業の生産工程従事者を基準にした，産業・職種ごとの賃金プレミアムを示している。賃金プレミアム（X）の推計では，労働経済学に基づく計量的手法を用い，年齢，勤続年数，学歴，企業規模等の条件を揃えている。この値Xが正であれば，製造業の生産工程従事者より賃金がX％高いことを示し，負であればX％低いことを示している。なお男性の介護労働者の大半が正規労働者であるため，男性の非正規労働者の分析は割愛した。

　女性の正規労働者については，高齢化が相対的に進んでいる地域である7級地とその他の地域の介護労働者の賃金プレミアムは各々10〜20％高い。つまり，この2つの地域では競合職種より高い賃金プレミアムを介護労働者は享受しているといえる。同様に，女性の非正規労働者についても，介護労働者は競合職

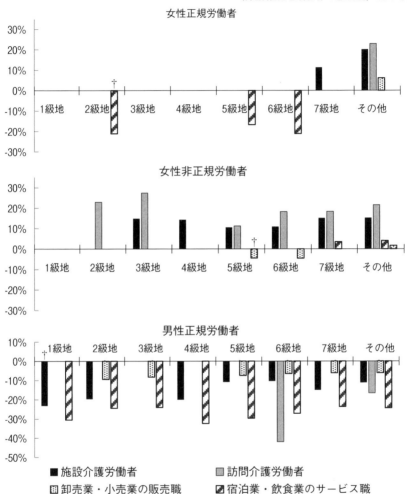

（介護報酬地域加算の級地別，2017年）

注：産業・職種賃金プレミアムとは，労働経済学に基づく計量的手法を用い，年齢，
　　勤続年数，学歴，企業規模等を統御した上で，各地域（級地）における製造業
　　の生産工程職種の賃金と比べ，その地域の各産業・職種の賃金が相対的に何％
　　高いか（低いか）を示す指標である。図では，5％水準未満で統計的に有意（た
　　だし「†」の印がある3つの棒グラフについては10％水準でのみ統計的に有意）
　　な差があるもののみ掲載している。
出所：総務省「就業構造基本調査（2017年）」に基づく筆者推計。

図4　産業・職種賃金プレミアム

種より10〜20％高い賃金プレミアムを享受している。もっとも，この高い賃金プレミアムは，介護労働に付随する肉体的な負担を補償している可能性がある（Yamada and Ishii 2021）。つまり肉体的な負担を考慮すれば，これらの地域で介護労働者の賃金水準が必ずしも高いとまでは言えない可能性には留意が必要である。

　一方，男性の正規労働者では，施設介護労働者の賃金は，明らかに製造業の生産工程従事者や卸売業・小売業の販売従事者より低く，宿泊業・飲食サービス業のサービス職従事者より高くなっている。各棒グラフから賃金差を読み取ると，競合する卸売業・小売業の販売従事者と同程度の賃金を保障するには，少なくとも 1 〜 4 級地で10〜23％，高齢化が進んだその他の地域でも 3 〜 9 ％ほど介護労働者の賃金を引き上げる必要があり，肉体的な負担を考慮すると，それ以上かもしれない。

　実際，2017年時点で，介護職を辞めた男性の主な離職理由は「収入が少なかったため」が19％で，離職理由の中で最も高い比率を占め，この比率は2007年の15％から2017年までに 4 ％ポイント増加した。さらに，この比率は2017時点で全離職者平均より 5 ％ポイント高く，介護職を辞めた女性と比べても 9 ％ポイント高い（Yamada and Ishii 2021）。

6 ｜ おわりに

　本章では，各調査年で約100万人を対象とした「就業構造基本調査」の個票データ（主に2017年）に基づき，介護労働者の基本属性の長期的変化，離職理由，他職種・他産業間での労働移動のトレンドを明らかにしたうえ，介護労働者の賃金の適正水準を地域毎に示した。

　本章の知見および政策含意をまとめると 3 点ある。

　第一に，介護労働者に占める男性比率は，正規の施設介護労働者を中心に過去15年間で増大しており，国際的にみても20％とOECD加盟国の中で最も高い。一方，60歳以上の女性の介護労働者も急速に増えてきている。これは介護保険創設以降，就業率が相対的に低かった中高年女性の多くが介護労働者の供給源であり（山田・石井 2009），彼女たちが今や高齢化したことによる。

　高齢化した女性の施設介護労働者が今後一斉に引退すると，介護労働者の供給不足は一気に悪化する可能性があり，その防止には代替供給源として男性介護労働者の動向がカギを握る。

　第二に，介護労働者の労働移動を見ると，介護労働者の多くは同じ産業内，すなわち医療・福祉産業内を行ったり来たりしている。一方，他産業への流出入も確認でき，卸売業・小売業，製造業，そして宿泊業・飲食サービス業が，介護労働者に関する主要な競合産業となっている。

　新型コロナウイルスの流行により，競合産業である卸売業・小売業，宿泊業・飲食サービス業，製造業で雇用者数が大幅に減少し（厚生労働省 2021: 133-139)，その後，回復傾向がみられたものの，流行前の状況には戻っていない。こうした状況は，賃金や安定的な雇用等，競合産業より魅力的な雇用条件を提示することで，介護職への労働移動を促し，労働供給を増やす余地があることを示唆している。

　第三に，正規雇用で就業する女性の介護労働者に着目すると，高齢化が進んだ地域では全体的に賃金が低いため，競合産業・職種に従事する者よりも有意に賃金が高い。ただし介護労働における肉体的な負担による女性の離職の多さ（Yamada and Ishii 2021）を考慮すれば，これらの地域での介護労働者の賃金水準が必ずしも高いとまでは言えない。少なくとも高齢化の進展が遅い都市部においては，競合する他職種と有意な賃金差がなく，他職種への流出の可能性がうかがえる。さらに男性介護労働者については，いずれの地域においても，競合する他職種と比較して有意に賃金が低い。都市部など高齢化が進んでいない地域で競合する職種と同程度の賃金を保障するには，少なくとも 1 ～ 4 級地で10～23％，高齢化が進んだその他の地域でも 3 ～ 9 ％ほど介護労働者の賃金を引き上げる必要がある。

　本章冒頭で紹介したように，2040年時点で必要な医療・福祉従事者は就業者の19％を占めると予測される。これは現時点での最低賃金引き上げで影響を受ける雇用者割合よりも大きい。介護職をはじめとして医療・福祉産業の賃金を引き上げることは，当該産業従事者の所得増・消費増を通じ，あるいは必要十分な介護サービスの確保により家族介護を理由とする離職を防止することで，日本全体の所得分配，経済全般への望ましい波及効果も期待される。介護サー

ビスを含む医療・福祉等への支出割合を増やしつつ，我々が豊かな生活を享受することはBaumol（2012）が指摘するように不可能ではない[4]。

　本章の分析の限界を挙げるならば，外国人介護労働者の問題は取り扱っていない。この問題は日本にとって比較的新しい。介護職に携わる外国人の規模は，2020年時点で介護福祉士候補者や技能実習生を含め2万3千人である（介護分野における特定技能協議会運営委員会2020: 2）。2019年には新たな在留資格「特定技能」が設けられ，次の5年間に最大6万人の外国人介護労働者の受入れが計画されている。これは2025年に必要とされる介護労働者全体の2％に相当し，生産性向上や国内の人材確保で賄えない供給不足分に等しいとされる（法務大臣他2018: 2）。この受け入れにより，国内の介護労働者の相対賃金を引き下げ，介護産業から競合産業への流出が促進される可能性もある。結果として介護労働不足問題を悪化させるだけかもしれない。外国人介護労働者の受入れによる，こうした影響を今後十分に検証していくことが必要である。

〔付記〕本研究は内閣府経済社会総合研究所の2019-2020年度国際共同研究（2025年以降に向けた国民の安心と関連制度の持続可能性に関する研究WG）の一環として実施された。国際会議参加者からのコメントに感謝する。

| 注 |

1　なお第4節で割愛した詳細な分析手法や記述統計量，紙幅の制約により第5節で割愛した離職理由の長期的な変化（賃金の低さや肉体的負担，家族介護・看護を理由とする離職の男女差等）については，本章のもととなったYamada and Ishii（2021）を参照していただきたい。

2　ただし2021年度は，感染症や災害への対応力を強化し，介護人材の確保や介護現場の革新（ICTの活用等）に対応するなどのため，0.7％プラス改定となった（介護給付費分科会2021）。

3　2009年に導入された「介護処遇改善交付金」は廃止され，2012年から「介護職員処遇改善加算」となった。2019年には経験・技能のある職員を対象とした「介護職員等特定処遇改善加算」も導入された。

4　ボーモルの「コスト病」に関する邦文解説は例えば山田（2017）を参照されたい。

| 参考文献 |

上野綾子・濱秋純哉（2017）「2009年度介護報酬改定が介護従事者の賃金，労働時間，離職率に与えた影響」『医療経済研究』29(1)：33-57.

介護保険部会（2007）「事業者規制の現状について（第22回，資料２）」厚生労働省.
　　https://www.mhlw.go.jp/shingi/2007/12/s1220-5.html（2020年12月３日閲覧）

介護給付費分科会（2018）「介護報酬改定の改定率について（第157回，参考資料１）」厚生労働省.
　　https://www.mhlw.go.jp/file/05-Shingikai-12601000-Seisakutoukatsukan-Sanjikanshitsu_Shakaihoshoutantou/0000191437.pdf（2020年12月３日閲覧）.

──（2019）「地域区分について（第172回，資料１）」，厚生労働省
　　https://www.mhlw.go.jp/content/12300000/000566688.pdf（2020年12月３日閲覧）

──（2020a）「令和３年度介護報酬改定に向けて：介護人材の確保・介護現場の革新（第178回，資料２，修正版）」厚生労働省
　　https://www.mhlw.go.jp/content/12300000/000644080.pdf（2020年12月３日閲覧）

──（2020b）「訪問介護・訪問入浴介護（第182回，資料２）」，厚生労働省
　　https://www.mhlw.go.jp/content/12300000/000660330.pdf（2020年12月３日閲覧）

──（2021）「令和３年度介護報酬改定の主な事項について（第199回，資料１）」，厚生労働省
　　https://www.mhlw.go.jp/content/12300000/000727135.pdf（2022年７月５日閲覧）

介護分野における特定技能協議会運営委員会（2020）「介護分野における外国人の受入実績等（令和２年度第１回，資料６）」
　　https://www.mhlw.go.jp/content/12000000/000704359.pdf（2020年12月15日閲覧）

岸田研作・谷垣静子（2013）「介護職員が働き続けるには何が必要か」『日本経済研究』(69)：1-23.

厚生労働省（2021）『令和３年版　労働経済の分析：新型コロナウイルス感染症が雇用・労働に及ぼした影響』
　　https://www.mhlw.go.jp/stf/wp/hakusyo/roudou/20/20-1.html（2021年10月８日閲覧）

国立社会保障・人口問題研究所(2019)*Population and Social Security in Japan: 2019*, National Institute of Population and Social Security Research.
　　http://www.ipss.go.jp/s-info/e/pssj/pssj2019.pdf（2020年12月３日閲覧）

小林徹（2019）「介護報酬の変化と介護労働市場賃金」『産業研究』54(2)：41-53.

小檜山希（2010）「介護職の仕事の満足度と離職意向：介護福祉士資格とサービス類型に注目して」『季刊社会保障研究』45(4)：444-457.

下野恵子（2009）「介護サービス産業と人材確保」『家計経済研究』（82）：13-23.

周燕飛（2009）「介護施設における介護職員不足問題の経済分析」『医療と社会』19
　　（2）：151-168.

鈴木亘（2010）「パートタイム介護労働者の労働供給行動」『季刊社会保障研究』45
　　（4）：417-443.

――（2011）「介護産業から他産業への転職行動の経済分析」『季刊家計経済研究』
　　90：30-42.

張允楨・黒田研二（2008）「特別養護老人ホームにおける介護職員の離職率に関する
　　研究」『厚生の指標』55(15)：16-23.

花岡智恵（2009）「賃金格差と介護従事者の離職」『季刊社会保障研究』45(3)：269-
　　286.

――（2011）「介護労働者の離職要因--賃金が勤続年数別の離職に与える影響」『医療
　　経済研究』23(1), 39-57.

――（2015）「介護労働力不足はなぜ生じているのか」『日本労働研究雑誌』57(5)：
　　16－25.

法務大臣・国家公安委員会・外務大臣・厚生労働大臣（2018）「介護分野における特
　　定技能の在留資格に係る制度の運用に関する方針」
　　https://www.mhlw.go.jp/content/12000000/000601302.pdf(2020年12月3日閲覧)

山田篤裕（2017）「ボーモルの『コスト病』50周年：公的介護保険サービス研究への
　　示唆」『医療経済研究』29(1)：3-17.
　　https://www.ihep.jp/wp-content/uploads/current/research/all/125/Vol.29_
　　No.1_2017.pdf（2021年10月8日確認）.

山田篤裕・石井加代子（2009）「介護労働者の賃金決定要因と離職意向: 他産業・他
　　職種からみた介護労働者の特徴」『季刊社会保障研究』45(3)：229-248.

Baumol, William J.（2012）*The Cost Disease: Why Computers Get Cheaper and
　　Health Care Doesn't*, Yale University Press.

Kondo, Ayako（2019）"Impact of Increased Long-term Care Insurance Payments on
　　Employment and Wages in Formal Long-term Care," *Journal of The Japanese
　　and International Economies*, 53: 1-10.

OECD（2020）*Who Cares? Attracting and Retaining Care Workers for the Elderly*,
　　OECD Publishing.

Yamada, Atsuhiro and Kayoko Ishii（2021）"Aging and Wages of Long-term Care
　　Workers: A Case Study of Japan, 2002-2017,"『経済分析』202：71-100.

第**3**章

高齢化が産業構造と経済に与える影響： シミュレーション分析

木村 真

1 ｜ 研究の背景と問題意識

　日本では人口の高齢化とそれに伴う社会保障費用の増大が長らく懸案事項となっている。とりわけ日本では，2030年代に第二次ベビーブーム世代の退職を機に，生産年齢人口（15〜64歳）に対する高齢者（65歳以上）と年少者（15歳未満）の比率（従属人口指数）が急速に上昇することが見通されている。

　医療や介護への需要は加齢とともに高まる（**図1**）。したがって，高齢化が進展すると年金を受給する人や病気を抱える人の割合が増え，それに応じて年金，医療，介護の給付額は増加する。社会保障給付の増加は財源の面でそれを支えている勤労世代の購買力を減少させる。この構造は年金，医療，介護のいずれの社会保障制度にも共通する特徴である。日本の公的年金制度は，積立金を保有しつつも，主として年金受給者への給付を，働く世代の納める保険料で賄う賦課方式を基本として運営されている。また，日本の公的医療保険制度と公的介護保険制度は，いずれも給付の中心は高齢者で，その財源を勤労者の納める保険料や税で賄っている。

　一方，年金と医療および介護の間には大きな違いもある。年金はいったん受給資格を得れば毎月決まった額を現金で給付される。これに対し，日本の医療・介護のしくみでは，患者・利用者が医療・介護施設を受診・利用してはじめて保険給付がなされる。給付はかかった費用の一部を患者・利用者に代わって保険者が支払う形で行われるため，患者・利用者の立場からは医療・介護サービスという現物で給付される格好となっている。

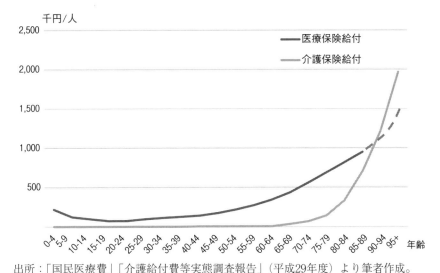

出所：「国民医療費」「介護給付費等実態調査報告」（平成29年度）より筆者作成。

図1　加齢による一人あたり医療保険給付と介護保険給付の増加

　年金のしくみは勤労世代から退職世代へお金が移動するだけで，経済全体の所得は変わらない。年金が経済に与える影響は主に，家計や企業からの年金保険料の集め方や年金給付が高齢者の働く意欲に与える影響，高齢者と若年者との消費傾向の違いなどを通じて及ぶ。

　これに対して，医療と介護は現物給付として実際のサービスのやりとりを伴うので経済や産業構造に直接影響を与える。病院や介護施設や薬局の利用が増加すれば，医師や看護師，薬剤師がより必要となるだけでなく，医療器具や薬の需要も増加する。医療器具メーカーや製薬会社の生産活動が活発になれば，その影響は原材料を扱う他の企業へと波及し，ヘルスケア産業に限らず労働需要が増加する。ヘルスケア産業は他に比べて労働集約的な産業で，生産を拡大するためには他の産業より労働力を必要とする（**図2**）。ただでさえ少子高齢化が進んだ社会では若年労働力が希少価値を持つことから，労働力の確保に関してヘルスケア産業と他の産業との間で競合が激しくなると予想される。最終的には，医療介護需要の増加でプラスの影響を受ける業種もあれば，労働者を確保できずにマイナスの影響が大きくなる業種も出てくるだろう。

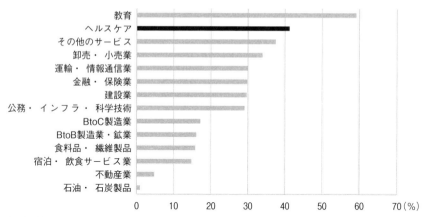

出所：「SNA産業連関表」より筆者作成。

図2　産業別の労働分配率

　人口高齢化による医療介護サービスへの需要増加が，社会保障負担を増加さ
せて国内総生産（GDP）の減少を引き起こしていくのか，それともヘルスケ
ア産業の成長が他の産業にもプラスの影響を与えて経済成長をリードしていく
ことになるのか。ヘルスケア産業での労働需要の高まりは，他の産業にどのよ
うな影響を与えるのか。本研究はこれらの問いに対し，人口高齢化の影響を分
析するのに適した経済モデルである世代重複モデルに産業構造や産業間の取引
ネットワークを分析できる産業連関表を組み込んだ多部門世代重複モデルを用
い，シミュレーションにより知見を得ようとするものである。

2 ｜ 関連する研究と本研究の特徴[1]

　本研究と同様に多部門世代重複モデルを用いて人口高齢化の産業構造への影
響をシミュレーションした研究は多くない。Fougère et al.（2007）は，産業連
関表を使って14産業部門からなる小国開放型の世代重複モデルを構築し，職業
や資格によって分かれた労働市場を前提に，カナダにおける人口高齢化の経済
と労働市場に対する影響のシミュレーション分析を行った。また，Rausch
（2009）は，産業連関表を使って17産業部門からなる世代重複モデルのシミュ

レーションにより，ドイツのマクロ経済や産業構造に与える人口高齢化の影響を包括的に分析した。

　日本では，木村・橋本（2010）が12産業部門からなる閉鎖経済型の世代重複モデルを開発し，一般的によく用いられる単一産業のモデルと多部門モデルの結果の差を明らかにしたほか，財政再建において歳出削減項目の違いによって経済への影響がどのように異なるかについて分析している。またIshikawa et al.（2012）は，Rausch（2009）のモデルに基づいて4産業部門からなる小国開放型の世代重複モデルを構築し，産業構造の変化や経常収支への影響をシミュレーション分析した。しかしながら，木村・橋本（2010）は産業間の取引ネットワークを考慮しておらず，Ishikawa et al.（2012）は産業部門の数が4つで，産業構造への影響を分析するには限定的であった。さらに，どちらの研究も医療介護の窓口負担を明確に扱っておらず，そもそも医療介護の費用増加の影響を分析していない。日本に関して医療介護費用の増加の影響を世代重複モデルのシミュレーションにより分析した研究としては，Ihori et al.（2011）がある。彼らは，一般的によく用いられる単一産業の世代重複モデルのシミュレーション分析で，医療介護費用の増加が経済成長につながるものの，その効果は長期的には消失することなどを示した。

　以上の関連研究に対し，本章では，橋本・木村（2010）で構築したモデルをベースとして新たに14産業部門からなる閉鎖経済型の世代重複モデルを構築し，医療介護費用増加の経済成長や産業構造への影響をシミュレーションにより評価した。具体的な特徴としては，所得と年金給付のモデルの簡素化や産業連関表を使った産業間の取引ネットワークのモデル化のほか，医療介護費用の窓口負担や消費税の複数税率などを考慮したものとなっている。

　次節ではシミュレーションの結果を紹介するが，その前にどのような前提で行ったかについての概略を説明する。まず，すべての市場は競争的で労働と資本の移動に制限はないものとした。将来の人口見通しについては，国立社会保障・人口問題研究所『日本の将来推計人口（平成29年推計）』の中位推計を用い，家計は23歳で経済活動に参加して，65歳で完全に退職することを想定している。企業については「SNA産業連関表」をもとに，(1)食料品・繊維製品，(2)石油・石炭製品，(3)BtoC製造業（Business to Customer：消費者向け製

造業）,（4)BtoB製造業（Business to Business：企業向け製造業）,（5)建設業,
(6)卸売・小売業,（7)宿泊・飲食サービス業,（8)運輸・情報通信業,（9)金
融・保険業,（10)不動産業,（11)公務・インフラ・科学技術,（12)教育,（13)
ヘルスケア,（14)その他のサービスの14産業分類に集約した。

　社会保障制度としては年金, 医療, 介護が組み込まれており, 年金は基礎年
金と報酬比例年金に分かれ, 支給開始年齢の引き上げスケジュールについては
男性のケースに則り, 将来の年金額は政府の年金の将来見通し（厚生労働省
「令和元年検証」）に沿って抑えられるものとした。また, 医療と介護について,
Ihori et al.（2011）の研究では, 患者の窓口負担を除く医療保険給付を所得の
ような形で扱っているが, 本研究では健康な経済活動を維持するのに必要な費
用とし, 2019年「国民医療費推計」と「介護給付費等実態統計」に基づき,
もっぱら加齢によって増加するとしている。このほか, 税・社会保険料のしく
みとして, 複数税率の消費税率, 社会保険料控除を考慮した比例的な労働所得
税などを考慮した点が特徴となっている。

　また, 直近の新型コロナウイルス感染症の感染拡大と緊急事態宣言をはじめ
とする様々な対策の影響をできるだけ考慮するため, 内閣府（2020）を参考に,
全要素生産性（TFP）は2020年に7.9%, 2021年に3.5%下降し, 2023年に2017
年のレベルへと回復し, その先については内閣府のベースラインケースにあわ
せて毎年0.7%で上昇するとした。政府支出も新型コロナ対策で急激に増加し
ている。そこで, 同様に内閣府（2020）を参考に, 医療費以外の政府支出を
2020年は2017年比で67.8%増, 2021年は2017年と同水準, 2022年からは毎年
「実質賃金成長率マイナス2%」で推移するとした。

3 ｜ シミュレーション結果

　人口高齢化による医療介護需要の増加が産業構造を通じて経済にどのような
影響を与えるのかをみるために, 1人あたりの医療介護費用の上昇率について
2ケースを想定した。

　基本となるケース1は, 2008年の社会保障国民会議の見通しに沿って, 一人
あたりの医療費と介護費用がそれぞれ「実質賃金成長率＋0.2%」と「実質賃

金成長率−0.5％」で上昇するものとした。

　ケース2は，上昇率がより低いケースで，一人あたりの医療費は実質賃金成長率，一人あたりの介護費用は「実質賃金成長率−0.7％」で上昇するものとした。

　以上の前提で2017年を基準におよそ100年間のシミュレーションを行った。シミュレーションを実行するにあたって，医療介護費用の上昇率が高いケース1で政府債務のGDP比が幾何級数的に膨らんで期間中に財政が破たんしないようにしなければならない。そこで，消費税率を2030年から5年ごとに食料品に関しては1％，その他の商品については2％ずつ引き上げてシミュレーションを実行した結果，破たんしないようにするためには2060年に食料品で15％，その他の商品に関しては24％までの引き上げが必要となった。以下，マクロ経済への影響，産業別の影響，政府見通しとの比較の順に結果を紹介する。

3.1　マクロ経済への影響

　実質GDPの推移についてのシミュレーション結果を示したものが**図3**である。一人あたりの医療介護費用の伸びが高いケース1の方が長期的には実質GDPを引き下げる結果となっている。人口高齢化による医療保険給付と介護保険給付の増加を支えるためには，国や自治体からの補助金や保険料収入を増やさなければならない。その結果，政府の支出が増えて公的債務が増加し，保険料の引き上げによって家計の負担が高まる。長期的に経済成長が鈍化することの背後には，こうしたメカニズムが働いていると考えられる。

　逆に短期的には，ケース1の実質GDP成長率がケース2よりわずかに高くなる。この要因の一つに，家計が将来の医療費の増加を見越して貯蓄を増やそうとする行動（予備的貯蓄）がある。貯蓄は投資の原資であるため，貯蓄の増加は投資の増加につながる。単一産業のモデルを使ったIhori et al.（2011）の研究でも短期的には実質成長率が上昇する結果が示されている。彼らの研究と本研究で異なっているのは，彼らが長期的には短期のプラスの効果が消失するという結果なのに対し，本研究では長期的にマイナスの効果が生じる結果となった点である。この差は医療保険給付に関する前提からきていると考えられ

る。

　本研究では医療介護給付は家計の健康維持のために必要な費用であり，その費用の一部を政府が家計に代わってヘルスケア産業に直接支払う（政府がヘルスケア産業からサービスを買って支給していると考えてもよい）。反対に，Ihori et al.（2011）は，医療保険給付と介護保険給付を現金給付のように家計の所得として扱っているため，医療介護費用の上昇が家計の貯蓄の増加に結びつき，それが投資の増加を経て，長期的に本研究より高い経済成長につながる結果が示されたものと思われる。

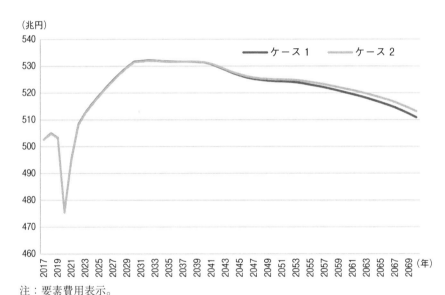

注：要素費用表示。

図3　実質ＧＤＰの推移

3.2　産業別の影響

　ここでは，まずベースとなるケース１に関して将来の人口高齢化が各産業に与える影響をみた後，医療介護費用が増加した場合の影響をケース２との比較を通じてみていく。

　ケース１における産業別の商品やサービス価格の変化についてのシミュレー

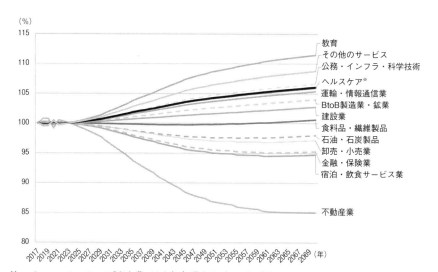

注：ケース1。BtoC製造業は医療介護とほとんど重なる。

図4　産業別の商品およびサービスの価格変化

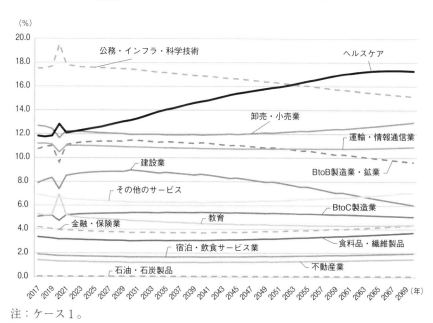

注：ケース1。

図5　就業構造の変化

ション結果を示したものが**図4**である。ヘルスケア産業では，人口高齢化による需要増加が価格上昇を招く。同様に，教育，公務・インフラ・科学技術，運輸・情報通信，BtoB製造業，建設業などで価格が上昇する。一方，石油・石炭製品，卸売・小売業，金融・保険業，宿泊・飲食サービス業，不動産業などでは価格が下落する。

　こうした価格変化には労働需要の変化も影響している。**図5**はケース1での就業構造の変化を示している。人口高齢化による医療介護需要の増加でヘルスケア産業の労働者の割合は12%から17%に増える。この結果，特に労働集約型の産業で労働力不足が深刻となり，生産価格が上昇する。

　変化を詳しく見るために，2025年と2050年の産業別の労働者数の2017年からの変化率をみたものが**図6**である。長期的には，ほとんどの産業で人口減少によって労働者が減少する。なかでも教育業や不動産業の影響が大きい。一方，短期的には労働者が増加する産業もある。まず医療介護需要の増加によってヘルスケア産業と結びつきの強いBtoC製造業の雇用が増加する。また，建設業やBtoB製造業・鉱業では，前節で述べた投資が増加する影響で労働者が増加するものの，その後は財政再建によって公共投資が減るために減少する。

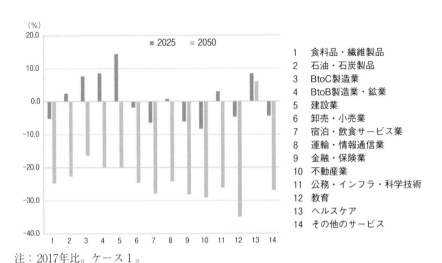

注：2017年比。ケース1。

図6　**産業別の労働者数の変化**

　次に，医療介護費用が増加した場合の影響をみるため，産業別の労働者数の変化についてケース1とケース2の結果の差をみたものが**図7**である。医療介護費用の増加が短期的にBtoC製造業と建設業の雇用を誘発することが読み取れる。一方で家計の医療介護に対する費用負担が増すため，その他に対する消費需要が減少する。加えて，医療介護費用の上昇は，政府の財政赤字を増加させ，民間投資を減少させる。その結果，長期的には，BtoB製造業や建設業で雇用が減少する。

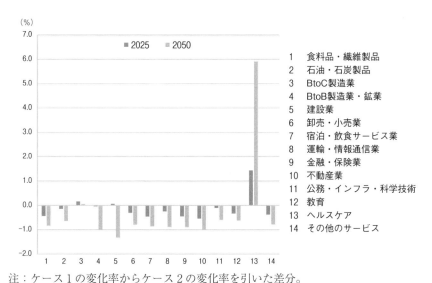

1　食料品・繊維製品
2　石油・石炭製品
3　BtoC製造業
4　BtoB製造業・鉱業
5　建設業
6　卸売・小売業
7　宿泊・飲食サービス業
8　運輸・情報通信業
9　金融・保険業
10　不動産業
11　公務・インフラ・科学技術
12　教育
13　ヘルスケア
14　その他のサービス

注：ケース1の変化率からケース2の変化率を引いた差分。

図7　**医療介護費用の増加が各産業の雇用に与える影響**

3.3　政府見通しとの比較

　政府も医療介護需要の増加に対してマンパワーがどの程度必要となるのかについて大きな関心を持っており，2018年に「2040年を見据えた社会保障の将来見通し（議論の素材）」においてシミュレーションを行っている。推計の結果，基本となるケースで2018年度から2040年度にかけて公的医療保険と介護保険の給付がGDP比で8.8％から12.0％に，全就業者に占める医療福祉分野の就業者数

の割合が12.5%から18.8%上昇する見通しが示された（**図8**）。

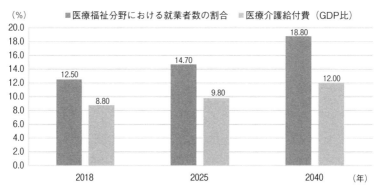

出所：内閣官房・内閣府・財務省・厚生労働省「2040年を見据えた社会保障の将来
　　　見通し（2018年5月）」。

図8　**政府による社会保障の将来見通し（基準ケース）**

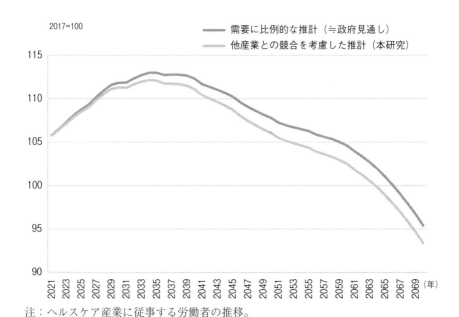

注：ヘルスケア産業に従事する労働者の推移。

図9　**比例的なマンパワー推計との比較**

　しかしながら，政府の見通しは医療介護需要の増加に対して比例的にマンパワーを推計したもので，産業間の相互依存関係などは考慮されていない。そこで，本研究のモデル上で政府と同様の比例的にマンパワーを推計する方法でのシミュレーションを行い，結果を比較することで，様々な相互依存関係を考慮することの影響を分析した。その結果，比例的にマンパワーを推計する政府見通しのやり方のほうが就業者の割合が高めに推計されることが分かった（**図9**）。この結果は，少子高齢化によって労働者が希少化していく中にあって，他の業種との間で労働者の確保に関して競合が生じるため，政府の見通しどおりには確保できなくなる可能性があることを示している。

4 政策的含意と残された課題

　人口高齢化は医療介護需要の増加を招き，現在の制度では増大する社会保障給付の財源を担う勤労世代にその負担が重くのしかかる。その結果，経済成長が妨げられる。一方，医療介護需要の増加は，産業構造に変化をもたらし，ヘルスケア産業を成長させてその果実は他の産業にも波及する。はたしていずれの効果が大きいのか。

　この問いに対して，多部門世代重複モデルを用いてシミュレーションを行った結果，人口高齢化による医療介護需要の増加により，(1)経済成長は鈍化する，(2)ヘルスケア産業に従事する労働者のシェアは12％から17％ほどに上昇する，(3)短期的にはBtoC製造業と建設業の生産と労働者が増加する一方で不動産業などでは減少する，(4)長期的にはBtoB製造業と建設業などで雇用が減少する，という知見が得られた。

　将来かかる医療費が高くなると見込めば，家計はそれに備えて貯蓄を増やそうとする（予備的貯蓄）。貯蓄は投資の原資であり，それゆえ貯蓄の増加は投資の増加につながる。他方，医療保険給付と介護保険給付の上昇は財政赤字を増加させるので，民間にまわる投資額は減少する。本研究のシミュレーション結果では，民間に回る投資の減少による成長抑制の効果のほうがより大きいということを示している。また，ヘルスケア産業が他産業の成長をけん引する力もさほど強くないことを示している。

　さらに，本研究では医療介護従事者に関する政府見通しとの違いについても分析した。その結果，政府見通しが高めに推計されている可能性を示した。人口減少の下では，ヘルスケア産業と他産業との間で労働者の確保に関して競合が生じる。今回のシミュレーションではヘルスケア産業で思ったようには労働者を確保できない状況になることが示されたが，政府見通しではそうした競合が考慮されていないため，高めの見通しになっていると考えられる。今後，政府見通しを解釈する際には，この点に留意する必要があるだろう。

　最後に残された課題について触れる。本研究ではこのたびのコロナ禍の影響を全産業に共通の生産性ショックとして扱い，その影響の大きさについては2020年7月における内閣府の展望に基づいた。しかし，緊急事態宣言をはじめ政府からは渡航制限などの様々な規制や自粛の要請がなされ，交通や宿泊，飲食業などで大きな損失が出るなど，業種による影響の違いも大きい。したがって，産業ごとに生産性への影響の違いなどを考慮すべきだろう。

　また，企業が在宅ワークを推奨するなど，人々のライフスタイルもこの間に大きく変わった。仮に将来的にコロナ禍が終息したとして，はたして以前のようなライフスタイルに戻るのかは見通せない。もしコロナ禍が長く続くとなれば，人々の好みやライフスタイルの変化は一時的なものにとどまらないだろう。こうした消費者のパラメータの変化を考慮した場合のシミュレーションも残された課題だ。

　本研究では市場は競争的で，異なる業種へ自由に転職できる流動的な労働市場を前提として分析した。こうした割り切った前提は結果をクリアに見せてくれる利点がある。しかし，現実には摩擦的失業といわれるように労働者が新たな業種に転職するのには時間がかかる。また，医療や介護の市場は診療報酬や介護報酬，薬価などに対する規制も多い。より現実的なシミュレーションにするには，こうした雇用の流動性や規制の問題を考慮する必要があるだろう。

| 注 |

1　詳細はKimura（2021）を参照されたい。

| 参考文献 |

木村真・橋本恭之（2010）「多部門世代重複モデルによる財政再建の動学的応用一般均衡分析」『経済分析』No.183, 1-24.

内閣府（2020）「中長期の経済財政に関する試算（令和元年 7 月31日経済財政諮問会議提出）」.

橋本恭之・木村真（2010）「公的年金の税方式化の経済効果」*RIETI Discussion Paper Series*, 10-J-038.

Fougere, M., Mercenier, J. and M. Merette（2007）"A sectoral and occupational analysis of population aging in Canada using a dynamic CGE overlapping generations model,"*Economic Modelling*, 24, 690-711.

Ihori, T., R. R. Kato, M. Kawade and S. Bessho（2011）"Health insurance reform and economic growth: Simulation analysis in Japan,"*Japan and the World Economy*, 23, 227-239.

Ishikawa, D., J. Ueda and R. Arai（2012）"Future changes of the industrial structure due to aging and soaring demands for healthcare service in Japan - an analysis using a multi-sector OLG model in an open economy,"*PRI Discussion Paper Series*, No.12 A-14.

Kimura, S.（2021）"Population Aging and the Impact on Industrial Structure in Japan from a Multi-Sector OLG-CGE Model Perspective,"『経済分析』202号, 101-124.

Rausch, S.（2009）*Macroeconomic Consequences of Demographic Change*, Springer.

家族と労働力の強靭化

第4章

日本で育児が祖母の就業と
メンタルヘルスに及ぼす影響

臼井 恵美子・上野 有子

1 はじめに

　中高年世代の女性が働く場合，高齢の親の介護や孫の世話の状況が大きな影響を与える要因の一つになっている可能性がある。わが国では，親の介護と雇用の関係が研究されているが（Oshio 2014; Oshio and Usui 2018; その他多数），孫の世話と雇用の関係に関する研究は少ない。中高年世代の女性の労働市場での活躍を考えるには，孫の育児が祖母の就業にどのような影響を及ぼしているか調べることも重要であろう。

　働く母親の数が増えている中，保育園の供給が需要を満たすには十分ではない場合が多いことから，政策担当者も，幼い子どもの世話を祖父母が担うことの重要性を認識しているが，その一方で，働き盛り世代にある祖母の就業と彼女たちによる孫の世話の関連は，いまだ十分検証されていない。

　本章では，孫がいる50代の女性を対象に，就業と育児の関係を検証する分析を行った。その結果，中高年の祖母が孫の世話にかかわることによって，彼女たちの就業が減り，働く時間も若干減ることがわかった。

　また，祖母が孫を世話することが，彼女たちのメンタルヘルスにどのように影響しているかを調べた結果，孫の育児にかかわることは，メンタルヘルスに対してそれほど悪い影響がないことが明らかになった。対照的に，中高年で孫のいる女性が，高齢の親の介護に関わることは，彼女たちのメンタルヘルスへの負担を高めること，高齢の親の介護と孫の世話を同時にすることは，彼女たちのメンタルヘルスをさらに悪化させることも明らかになった。

　本章での分析結果から，孫の育児をしていても，日本の50代の女性の就業にはそれほど大きな影響がないことが示唆される。これは，日本では50代の祖母の２割しか正規労働者として働いていないことによるかもしれない[1]。孫の世話をしている祖母の就業時間は週33.2時間である一方，孫の世話をしていない祖母の就業時間は週34.7時間と，孫の世話をしている人とそうでない人で差がほとんどなく，いずれも35時間未満の労働である。

　この結果，祖母は労働時間を大幅に短縮させることなく孫の世話をすることができると考えられる。しかし，将来の日本において，より多くの女性が正規労働者として労働市場に定着すれば，この状況は変わってくる可能性がある。もしそのような状況になってくれば，祖母たちは，たとえ孫の世話をすることを求められても，自らのフルタイムの労働時間を減らすことは容易ではなくなるかもしれない。

　本章の構成は以下の通り。第２節では，祖母の育児が自身の労働供給とメンタルヘルスにどのような影響を与えるかについての既存研究をレビューする。第３節では，分析に用いたデータと記述統計について述べる。第４節では，主な推定結果，具体的には孫のインフォーマルな世話が祖母の (1)就業状態，(2)就業している場合の労働時間，(3)メンタルヘルスに与える影響について述べる。第５節では，孫と高齢の親の両方へのケア提供が祖母の労働供給とメンタルヘルスに与える影響を調べる。第６節では本章の結論を述べる。

2 ｜ 問題意識

　祖母が孫を世話することは，多くの国で見られる。Leopold and Skopek (2015) は，米国やヨーロッパの国々では祖父母になった時点で多くの人々はまだ働いていることが多く，孫の誕生は退職よりも約5-10年先行することが多いとしている。ここで，先進諸国でのインフォーマルな育児がどの程度行われているかをデータで確認しておこう。国際機関などの統計では，多くの場合，育児はフォーマルケアとインフォーマルケアに分けて調査されている。例えばユーロスタットの定義によると，フォーマルケアとは就学前教育，義務教育，課外での施設で提供される育児，および官民の施設で組織的に提供される育児

を指し，インフォーマルケア（その他のケア）には，プロによって自宅で提供される育児サービスまたは，祖父母やその他親族，友人や隣人が行う育児が含まれる。

　EU加盟国27か国の平均でみると，3歳から就学年齢までの子どもに対して，インフォーマルケアを週30時間未満受けた子どもの割合は2019年で22.4％であるが，国によってばらつきが大きく，ルーマニアの51％強を筆頭に中東欧や英国・オランダなどでも高い一方，フォーマルケアが充実している北欧諸国ではゼロに近い国がみられる（**図1**）。インフォーマルケアの内訳は様々と考えられるが，前者の国々では祖父母の育児も重要な役割を果たしている可能性が高い。また，データの利用可能性の制約から単純な比較は難しいものの，OECD（2019）によれば，3歳から5歳の子どもがインフォーマルケアを受けている

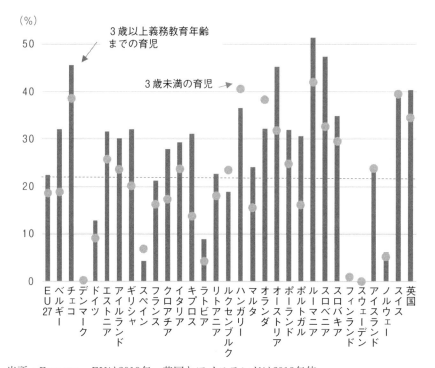

出所：Eurostat，EUは2019年，英国とアイスランドは2018年値。

図1　インフォーマルケアを受けた子どもの割合，子どもの年齢別

割合は，オーストラリアで27.6％（2017年），韓国で23.6％（2009年），アメリカで29.1％（2011年）であり，EU全体の比率とほぼ同程度と考えられる。

　孫の世話における祖母の役割について議論する際，従来，主要な政策課題である母親たちの労働供給への影響に焦点が当たってきた。すなわち，これまでの多くの研究では，祖父母による世話が母親の労働供給に与える影響を分析している一方，孫の世話に関わることが，祖母自身の労働供給へ与える影響を研究した論文はまだ数少ない（例外はHo（2015），Rupert and Zanella（2018），Zanasi et al.（2020））。例えば複数の研究で，1990年代のイタリアで行われた年金制度改革と定年年齢の引き上げの影響を用いて，祖母による孫の世話が母親の労働供給へ与えた影響を分析しているが，結果は一致していない。

　最近の実証研究の流れの中で，Hank et al.（2018）は，祖父母の育児がその生産活動（労働市場への参加や社会活動への関与など）に与える影響を研究することの重要性を強調している。最近のいくつかの研究では孫の育児と早期退職の関連を調べている（De Pretale et al. 2013; Lumsdaine and Vermeer 2015; Frimmel et al. 2017）。Rupert and Zanella（2018）は，米国のデータを使用して，祖母の育児が祖母の労働供給に与える影響を推定した結果，(i)孫の世話は，祖母の労働供給時間を平均で30パーセント減少させ，(ii)こうした負の影響は，労働時間が短い祖母でより顕著と指摘した。Frimmel et al.（2017）は，オーストリアのさまざまな制度設定下（公的保育サービスの利用可能性など）での違いを用いて，最初の孫の誕生が祖母の就業に負の影響を与えることを指摘した。この結果は，公的保育施設のある地域では，そのような施設のない地域と比べて，祖母の労働供給がより大きく減少することを示している。Zanasi et al.（2020）は，「高齢化に関する英国縦断研究（English Longitudinal Study of Ageing）」を利用して，最初の孫の誕生により，女性が労働参加しなくなるか（仕事をやめたり，求職活動をしなくなる）を調べ，既に長期間の雇用中断を経験した女性など，キャリア蓄積が限られていて，働いてもそれほど多くの収入が得られない女性は，労働市場から撤退する可能性が高いことを議論している。

　祖母の育児とその健康の関連を調べた，いくつかの研究から得られた結果もまちまちである。Chen and Liu（2012）は，特に幼い孫をかなりの程度世話

をしている祖母の場合，育児をしているとうつ症状，自己評価による健康状態の悪さなどが高まる関係があるとした一方，祖母の健康状態，幸福レベル，認知レベルに有益な影響を見出した研究もある（Ku et al. 2012; Di Gessa et al. 2016a, 2016b; Ahn and Choi 2019）。

　次に，孫の世話と女性の労働供給に関する日本の文献を見てみよう。朝井他（2015）は，母親の雇用と各地域の公的保育の利用可能性との関連だけでなく，世帯構造との関連を調べ，公的保育の利用可能性は，3世代世帯の母親の就業率に影響を与えたとした。これは，祖母によるインフォーマルな育児が活用できるので，母親が公的保育施設を利用しないためと結論付けている。

　日本では高齢の親の介護と介護を行う女性の労働供給に関する研究が盛んに行われているのとは対照的に，孫の世話と (i)労働参加に関する祖母の意思決定や，(ii)祖母のメンタルヘルスとの関連を調べた先行研究はほとんどなかった。こうしたことから本章では，日本で孫の育児が祖母の労働供給とメンタルヘルスに与えうる影響を研究する。

3 ｜ データおよび記述統計

3.1　データ

　本章では，厚生労働省が実施した中高年者縦断調査を利用した。この調査は，2005年11月初旬に50-59歳の34,240人をサンプルとして開始し，その後毎年11月に同じ対象者を継続して調査している。初回調査の回答率は83.8％で，その後の脱落率は1.2-9.8％であった。この調査は，調査対象者の数が多くかつ脱落率が低いことに加え，(i)調査対象者に孫がいる場合に（同居しているか否かにかかわらず）すべての孫の年齢情報や，(ii)調査対象者が孫の世話に何時間費やしているかといったことがわかるため[2]，わが国で祖母による孫の世話と雇用およびメンタルヘルスの関係を研究するうえでは，最も有効な調査の1つと考えられる。

　この調査には，調査対象者の親の介護についての質問も含まれている。例えば，(i)存命の親または義理の親の状況，そして (ii)調査対象者が介護してい

る高齢の親がいるか尋ねている。本章での主な関心は雇用と孫の世話との関係にあるが，50代の女性は孫の世話だけでなく親の介護をすることもあり，後者も労働供給に影響を与えうる重要な要因と考えられ，両方の要因に注目して検証を行った。

　分析に当たり，6歳未満（未就学児）の孫が少なくとも1人いる50-59歳の女性に限定し，60歳を超える年齢の女性を除外した。これは，60歳超の人たちの就業意思は年金や退職制度の影響を受ける可能性が高いと考えられるためである。日本の労働者は，生まれ年によって60-65歳から年金を受給することができ，定年は多くの場合60-65歳である。2010年以降の調査では，調査対象者が孫の世話をしたかに関する質問がされなくなったため，2005-2009年の調査に限定し，2005年時点で合計4,931人の祖母を分析対象とする。調査対象者が少なくとも1人の孫を世話している場合に，孫の世話をしているとした。

　雇用に関しては，調査対象者が有給の職に就いている場合は1，それ以外の場合は0とする。有給の職に就いている人に対しては，（調査は11月上旬に行われるため直近の月である）10月の週当たりの平均労働時間，および週当たりの平均就労日数についても尋ねている。

　また，中高年縦断調査にはKessler心理的ストレスのスクリーニング尺度（K6スコア）の質問が含まれているため，調査対象者のメンタルヘルス状態を評価した（Kessler et al. 2002, 2010）。K6スコアには過去30日間に(1)緊張感，(2)絶望感，(3)不安感または落ち着きのなさ，(4)落ち込み感，(5)何もかもが面倒な感覚，(6)無力感以下の感情を経験したかを尋ねる質問が含まれる。これらの項目を，0（いつも感じない）から4（常に感じる）までの5段階で評価する。これらの項目を合計すると，0から24の範囲のスコアが得られ，スコアが高いほど回答者の心理的ストレスレベルが高いことを示す。

3.2　記述統計

　表1は，孫の育児の有無別に重要な変数の記述統計量を示す。2005年時点で6歳未満の孫が少なくとも1人いる女性のうち16.6％（＝817人/4,931人）が，少なくとも1人の孫の育児を行っている。少なくとも1人の孫の世話をしてい

表1　統計の要約

サンプル：2005年時点で6歳未満の孫が少なくとも1人いる女性

	祖母			
	孫の世話なし		孫の世話あり	
	平均	標準偏差	平均	標準偏差
仕事の有無（あり＝1）	0.716	0.451	0.578	0.494
1週間で働いた時間	34.73	14.82	33.23	16.95
1週間で働いた日数	5.039	1.163	4.918	1.336
孫の育児時間			19.80	22.02
孫の育児時間30時間以上			0.226	0.418
年齢	55.61	2.472	55.56	2.524
既婚	0.871	0.335	0.854	0.353
別居	0.017	0.128	0.011	0.104
離別または死別	0.106	0.308	0.133	0.340
未婚	0.003	0.056	0.000	0.000
高卒未満	0.230	0.421	0.237	0.426
高卒	0.561	0.496	0.507	0.500
短大・専門学校卒	0.177	0.381	0.222	0.416
大卒	0.028	0.164	0.028	0.166
その他の学歴	0.004	0.062	0.006	0.078
健康状態：非常に良い	0.082	0.274	0.086	0.280
健康状態：良い	0.321	0.467	0.288	0.453
健康状態：どちらかと言えば良い	0.424	0.494	0.424	0.494
健康状態：どちらかと言えば悪い	0.135	0.342	0.169	0.375
健康状態：悪い	0.033	0.178	0.024	0.155
健康状態：非常に悪い	0.006	0.075	0.010	0.099
身体的機能の制約: 1	0.046	0.209	0.056	0.231
身体的機能の制約: 2+	0.042	0.201	0.060	0.238
子供の数	2.455	0.832	2.556	0.864
18歳未満の子供の数	0.022	0.148	0.020	0.139
持ち家	0.879	0.326	0.909	0.287
賃貸住宅	0.095	0.293	0.075	0.263
社宅等	0.009	0.096	0.006	0.078
その他住居形態	0.017	0.128	0.010	0.099
住宅ローンの有無（あり＝1）	0.312	0.463	0.327	0.469
K6	8.905	3.914	9.280	4.012
観察数	4,114		817	

る人は，孫の世話に週平均19.8時間を，そのうちの62.3％が，週に10時間以上を費やしている。孫の世話をしている女性と孫の世話をしていない女性を比べると，孫の世話をしている女性は身体的機能にわずかに制約が多い傾向がある。

少なくとも 1 人の孫の育児をしている祖母の比率は上述のEU平均よりやや低いが，複数の孫の育児をしている祖母も含まれることから，孫の側から見た祖母の育児比率はもう少し高いことが予想される。

　次に，孫の世話をしている女性の有無別に雇用とメンタルヘルスの変数が異なるかを比較してみる。孫の世話をしている人のうち，有給の仕事をしている人の割合は57.8％で，していない人の値と比べて13.8ポイント低い。有給の仕事をもつ女性のうち，孫の世話をしている人は平均して週33.2時間，週4.9日働いており，孫の世話をしていない人（34.7時間と5.0日）と比べて少ないが，その差はわずかであった。一方，K 6 スコアの平均値は，孫の世話をしている人（9.28）の方が，孫の世話をしていない人（8.91）よりわずかに大きかった。

4 ｜ 推定結果

4.1　孫の世話が祖母の就業に与える影響

　本章では，被説明変数を有給の仕事の有無とする線形確率モデルを推定した。説明変数には，少なくとも 1 人の 6 歳未満の孫の育児をしているか否かを含める。コントロール変数は祖母の年齢とその二乗，健康状態，身体的機能の制限，教育，婚姻状況，子どもの数，18歳未満の子どもと同居しているか否か，住宅ローンがあるか，及び調査年とする。

　まず，線形確率モデルを最小二乗法により推定し，次に，個人間の異質性をコントロールするため，固定効果モデルにより推定した。推計結果を表 2 に示す。最小二乗法によれば，孫の世話の係数は−0.099と推定され，負で有意となる。これは孫の世話をしている人の就労割合は，孫の世話をしていない人の就労割合と比べて，13.8パーセントポイント低かった記述統計量の結果と整合的である（表 1 参照）。個人間の異質性をコントロールした場合は，孫の世話の係数は−0.038と推定され，最小二乗法推定の推定値よりも約40％と小さかった。しかし，分析サンプルの平均就労割合は70.3％であるため，固定効果モデルの推定結果でも，孫の世話が祖母の就労低下に与える影響は無視できない大きさと考えられる。

表2　孫の世話が祖母の就業に与える影響

被説明変数 = 有給の仕事に就いているか否か

	OLS		固定効果モデル	
	Coef.	SE	Coef.	SE
孫の世話（あり＝1）	-0.099	0.011 ***	-0.038	0.008 ***
年齢	0.196	0.074 ***	0.206	0.057 ***
年齢二乗	-0.019	0.007 ***	-0.020	0.005 ***
別居	0.036	0.032	0.003	0.022
離別または死別	0.130	0.015 ***	-0.053	0.049
未婚	0.158	0.069 **	0.134	0.124
高卒未満	0.010	0.013		
短大・専門学校卒	-0.017	0.014		
大卒	-0.050	0.032		
その他の学歴	-0.056	0.086		
健康状態：非常に良い	0.042	0.016 ***	-0.016	0.011
健康状態：良い	0.017	0.009 *	-0.001	0.006
健康状態：どちらかと言えば良い	-0.059	0.013 ***	-0.016	0.008 *
健康状態：悪い	-0.168	0.026 ***	-0.047	0.019 **
健康状態：非常に悪い	-0.289	0.052 ***	-0.104	0.045 **
身体的機能の制約: 1	-0.014	0.020	-0.025	0.014 *
身体的機能の制約: 2+	-0.095	0.023 ***	-0.020	0.015
子供の数	0.018	0.006 ***	0.001	0.008
18歳未満の子供の数	-0.029	0.040	-0.031	0.033
賃貸住宅	0.043	0.018 **	0.008	0.040
社宅等	-0.108	0.061 *	-0.023	0.069
その他住居形態	0.006	0.034	0.032	0.029
住宅ローン（あり＝1）	0.063	0.011 ***	-0.002	0.012
R^2	0.046		0.014	
観察数	19,593		19,593	
有給の仕事に就いている率	0.703		0.703	

***$p < 0.001$，**$p < 0.01$，*$p < 0.05$。

　表2の結果を要約すると，孫の世話と就労の間には負の関係が見られ，これは米国の既存研究（Frimmel et al. 2017; Rupert and Zanella 2018）の結果と同じである。また，孫の世話の説明変数と，個人間の異質性との間には相関があるため，固定効果モデルではこの負の関係は依然として有意であるものの小さくなる。

4.2　孫の世話が祖母の労働時間に与える影響： 労働時間と就労日数

次に，孫の世話が，祖母の労働時間とどのように関連しているかを調べた。具体的には，有給の仕事をもつ人について，第4.1節で説明したコントロール変数とともに，孫の育児を週当たりの労働時間と就労日数と別々に回帰した。表3に結果を示す。

OLSモデルからは，孫の世話は週の労働時間を2.22時間短縮させたことが示

表3　孫の世話が祖母の週の労働時間に与える影響

被説明変数 = 週の労働時間

	OLS		固定効果モデル	
	Coef.	SE	Coef.	SE
孫の世話（あり＝1）	-2.221	0.446 ***	-0.791	0.298 ***
年齢	-0.351	2.848	2.917	2.404
年齢二乗	0.014	0.255	-0.288	0.215
別居	0.817	1.386	0.657	0.917
離別または死別	4.191	0.628 ***	1.607	2.328
未婚	1.864	2.267	-0.859	1.314
高卒未満	1.142	0.514 **		
短大・専門学校卒	1.462	0.544 ***		
大卒	1.462	1.655		
その他の学歴	5.011	2.517 **		
健康状態：非常に良い	0.414	0.717	-0.371	0.494
健康状態：良い	-0.058	0.338	0.018	0.240
健康状態：どちらかと言えば良い	0.066	0.564	0.041	0.407
健康状態：悪い	0.114	1.177	-0.690	0.834
健康状態：非常に悪い	1.229	3.632	0.034	3.033
身体的機能の制約: 1	-0.046	0.851	0.110	0.555
身体的機能の制約: 2+	0.304	1.223	0.797	0.629
子供の数	0.536	0.241 **	-0.392	0.388
18歳未満の子供の数	-1.976	1.304	-0.889	0.901
賃貸住宅	-0.346	0.697	2.199	1.435
社宅等	2.465	3.021	0.609	2.295
その他住居形態	-1.729	1.361	-0.151	1.299
住宅ローン（あり＝1）	1.257	0.430 ***	-0.305	0.533
R^2	0.017		0.003	
観察数	13,227		13,227	
1週間当たりの平均労働時間	34.129		34.129	

$***p < 0.001$, $**p < 0.01$, $*p < 0.05$。

唆された。これは，孫の世話をしているグループがしていないグループと比べて週1.5時間労働時間が少ないことを示す**表1**の結果と整合的である。他方，固定効果モデルでは，孫の世話により週の労働時間は0.79時間減少したことが示唆され，有意ではあるが，小さな値である。

　表4に示すように，孫の世話と週の就労日数の関係についても同様の結果が得られた。OLSモデルでは，孫の育児により週の就労日数が0.145日短くなった。これは，孫の世話をしているグループの週の就労日数が，孫の世話をしていないグループと比べて0.12日短いことを示す**表1**の結果と整合的である。固定効

表4　孫の世話が週の就労日数に与える影響

被説明変数 = 週の就労日数

	OLS		固定効果モデル	
	Coef.	SE	Coef.	SE
孫の世話（あり＝1）	-0.145	0.037 ***	-0.069	0.027 **
年齢	0.102	0.225	0.298	0.188
年齢二乗	-0.011	0.020	-0.030	0.017 *
別居	0.064	0.114	-0.021	0.070
離別または死別	0.172	0.047 ***	0.068	0.121
未婚	-0.061	0.249	-0.645	0.510
高卒未満	0.137	0.040 ***		
短大・専門学校卒	0.019	0.042		
大卒	-0.332	0.102 ***		
その他の学歴	0.292	0.170 *		
健康状態：非常に良い	-0.036	0.057	-0.035	0.044
健康状態：良い	0.004	0.027	0.020	0.019
健康状態：どちらかと言えば良い	-0.018	0.042	-0.053	0.034
健康状態：悪い	-0.042	0.106	-0.137	0.073 *
健康状態：非常に悪い	-0.231	0.297	-0.153	0.323
身体的機能の制約: 1	-0.071	0.067	-0.056	0.056
身体的機能の制約: 2+	0.014	0.088	0.010	0.064
子供の数	0.028	0.019	-0.022	0.029
18歳未満の子供の数	-0.008	0.087	-0.185	0.086 **
賃貸住宅	0.059	0.056	0.149	0.136
社宅等	-0.006	0.188	0.024	0.229
その他住居形態	0.039	0.105	-0.084	0.114
住宅ローン（あり＝1）	0.033	0.033	0.066	0.042
R^2	0.014		0.004	
観察数	13,241		13,241	
1週間当たりの平均就労日数	4.982		4.982	

***$p < 0.001$，**$p < 0.01$，*$p < 0.05$。

果推定では，孫の世話により，週の就労日数は0.07日短くなるとの結果が得られた。

　孫の世話と労働時間や労働日数との関連が限定的であることは，仕事をしながら孫の世話をしている祖母が，孫の世話を始める前と比べて労働時間を少ししか減らしていないことを示唆する。しかし，祖母の28パーセントしか正規労働者として働いていないことを考えると，これはそれほど驚くことでもなく，非正規で働く祖母は孫の世話の必要性に応じて仕事のスケジュールを調整しやすいことを示唆している[3]。

4.3　孫の世話がメンタルヘルスに与える影響

　最後に，孫の世話がどのように祖母のメンタルヘルスに関連するかを調べた。第4.1節で説明したコントロール変数とともに孫の世話の有無を，K 6 スコアで測定した心理的ストレスに回帰した。

　表 5 に推計結果を示す。OLSモデルでは祖母の心理的ストレスレベルは孫の世話と負の相関があるが，固定効果モデルでは相関がないことがわかった。この結果は，孫の世話が孤独感レベルの低下（Hank et al. 2018）および認知の向上（Arpino and Bordone 2014）などメンタル面での有益な影響の可能性を指摘した既存研究の結果と整合的であり，孫の育児はうつ症状を緩和するのに役立つ可能性がある。

表5　孫の世話が祖母の心理的ストレスに与える推定効果

被説明変数 ＝ K6スコア（0−24）

	OLS		固定効果モデル	
	Coef.	SE	Coef.	SE
孫の世話（あり＝1）	0.279	0.090 ***	0.117	0.079
年齢	0.574	0.697	1.232	0.578 **
年齢二乗	-0.061	0.062	-0.103	0.052 **
別居	-0.036	0.277	0.034	0.279
離別または死別	0.007	0.146	0.042	0.531
未婚	0.447	0.933	0.904	1.704
高卒未満	0.097	0.115		
短大・専門学校卒	0.055	0.112		
大卒	-0.470	0.177 ***		
その他の学歴	-0.152	0.573		
身体的機能の制約: 1	2.184	0.201 ***	0.721	0.157 ***
身体的機能の制約: 2+	3.488	0.211 ***	1.422	0.183 ***
子供の数	-0.091	0.049 *	-0.102	0.087
18歳未満の子供の数	0.075	0.357	0.253	0.313
賃貸住宅	0.005	0.166	0.319	0.458
社宅等	-0.856	0.336 **	0.377	0.353
その他住居形態	0.784	0.418 *	0.110	0.301
住宅ローン（あり＝1）	0.048	0.091	0.001	0.113
R^2	0.054		0.026	
観察数	18,732		18,732	
K6スコア平均	3.186		3.186	

$***p < 0.001$, $**p < 0.01$, $*p < 0.05$

5 │「ダブルケア」が雇用とメンタルヘルスに与える影響

　Soma and Yamashita（2015）および相馬・山下（2017）によると，日本では結婚および出産時期の遅れ，そして出生率の低下と高齢化の結果，「ダブルケア」（子どもの育児と親の介護の同時提供）を提供しなければならない30代および40代の女性が増加している。

　ソニー生命保険の調査結果では，大学生未満の年齢の子どもがいる30歳から55歳までの母親の12.3パーセントが，現在，「ダブルケア」に直面していると報告している。ダブルケアラーは，育児と介護に追われていてプレッシャーにさらされている。このような人たちは，介護や育児が十分にできないと常に感

じており，心理的ストレスを受けやすい。「ダブルケア」に直面している人たちの4分の3は，育児や介護で利用できる公共サービスが十分でないと感じている。

　今回の分析においては，ダブルケアの定義として，親の介護と6歳未満の孫の世話の両方を行うこととする[4]。具体的には，親の介護と孫の世話をする場合，女性の就労および心理的ストレスにどのような影響が及ぶかを分析する。分析対象は，6歳未満の孫が少なくとも1人いて，かつ存命の親または義理の親が少なくとも1人いる女性に限定した。これらの女性のうち15.9％が孫の世話だけ，9.0％が親の介護だけ，4.9％が孫の世話と親の介護の両方をしている。50代の祖母は，親の介護よりも孫の世話に関与する割合が高い。

　Ueno and Usui（2021, Table 10）では，孫の世話や介護（孫の世話のみ，親の介護のみ，孫の世話・親の介護の両方）が就労，労働時間，就労日数に与える効果を分析している。固定効果モデルでは，孫の世話と親の介護の両方をしている祖母は，いずれのケアもしていない祖母と比べて働く可能性が5.4％ポイント低く，孫の世話のみの祖母は働く可能性が3.0％ポイント低く，親の介護のみを行う祖母は，世話や介護をしていない祖母と比べて，働く可能性がほぼ同じであった。

　週の労働時間と就労日数に関しては，孫の世話と親の介護の両方をする祖母は，いずれの世話もしていない祖母と比べて，週の就労日数は有意に0.147日少なく，週の労働時間は有意ではないが0.966時間減少した。これに比べて，親の介護のみ行っている祖母の労働時間や就労日数への影響は小さかった。

　これらの結果は，孫の世話だけをしている祖母は，孫の世話と親の介護の両方をしている祖母と同様，就労への影響をかなり大きく受けていることを示唆している。他方，孫の世話や親の介護をしつつ働き続けている人の労働時間への影響は限られている。

　次に，孫の世話や親の介護が女性の心理的ストレスに与える影響を推計した結果を**表6**に示す。固定効果モデルから，孫の世話は心理的ストレスと関連しないことが示唆される。しかし，親の介護のみをする場合，孫の世話と親の介護の両方をする場合，それぞれ，心理的ストレスレベルを有意に上げることがわかった。

表6　**3種類のインフォーマルケア提供が心理的ストレスに与える推定効果**

サンプル：5歳以下の孫1人以上，存命の親・義理の親1人以上の女性
被説明変数＝K6スコア（0−24）

	メンタルヘルス			
	OLS		固定効果モデル	
	Coef.	SE	Coef.	SE
孫の育児のみ	0.071	0.105	0.029	0.096
親の介護のみ	1.114	0.151 ***	0.427	0.142 ***
孫の育児と親の介護の両方	1.380	0.213 ***	0.615	0.169 ***
年齢	0.554	0.783	0.725	0.647
年齢二乗	-0.060	0.070	-0.058	0.058
別居	-0.269	0.300	-0.052	0.364
離別または死別	0.084	0.177	0.333	0.613
未婚	0.858	1.021	1.086	2.024
高卒未満	0.233	0.139 *		
短大・専門学校卒	0.116	0.125		
大卒	-0.475	0.189 **		
その他の学歴	0.161	0.771		
身体的機能の制約: 1	2.060	0.234 ***	0.698	0.180 ***
身体的機能の制約: 2+	3.249	0.226 ***	1.295	0.221 ***
子供の数	-0.153	0.053 ***	-0.063	0.091
18歳未満の子供の数	0.308	0.399	0.161	0.343
賃貸住宅	-0.005	0.190	0.738	0.527
社宅等	-0.558	0.414	0.700	0.430
その他住居形態	1.140	0.522 **	0.182	0.360
住宅ローン（あり＝1）	0.065	0.104	0.074	0.133
R^2	0.059		0.025	
観察数	14,052		14,052	
被説明変数の平均値	3.222		3.222	

$***p < 0.001$, $**p < 0.01$, $*p < 0.05$。

　具体的には，親の介護のみの場合，心理的ストレスは0.427ポイント上昇し，孫の世話と親の介護を両方する場合は，心理的ストレスが0.615ポイント上昇した。これらの影響は1％レベルで有意である。

　祖母にとって親の介護をすること自体が，心理的ストレスと正の関係がある。また，孫の世話に加えて親の介護をすると，祖母の心理的ストレスはさらに増加する。

　結論として，孫の世話は祖母の雇用にはマイナスの影響があるが，心理的ストレスへの影響は，親の介護と組み合わさった場合にだけみられる。

6 結論と政策含意

　本章では厚生労働省の中高年縦断調査に基づき，3つの知見を得た。まず，個人間の異質性をコントロールすると，孫の世話は，祖母の就業を3.8％ポイント減少させる（中高年の祖母の平均就業率は70.3％である）。

　第二に，祖母が孫を世話することは，祖母が仕事をしている場合，週の労働時間および就労日数の両方ともに減るが，その度合いは小さい。

　第三に，孫の世話自体は祖母の心理的ストレスを増やさないが，孫の世話が親の介護と組み合わさると，心理的ストレスに正の影響を与える。

　これらの結果は，孫の世話それ自体は，中高年女性の雇用とメンタルヘルスに大きなマイナスの影響を及ぼさないことを示唆する。こうした結果は，日本の女性の雇用の特徴を反映している可能性がある。収入のある仕事をしている女性の労働時間は男性の労働時間よりも短く，孫の世話や親の介護をしているか否かにかかわらず，女性は非正規雇用で働いている割合が高い。

　なお，主要先進国の育児政策において，祖父母が孫の育児をする場合の支援策を明示的に設けている例は限られている[5]。既述の通り，フォーマルケアの充実度合いや家族に対する考え方の相違から，インフォーマルケアがほとんど行われていない国も一部にはみられるが，多くの国ではインフォーマルケアは一定程度活用されており，育児の担い手には祖父母や他の親族，友人も含まれている。こうしたなかで，インフォーマルケアの主な担い手の一つである祖父母が育児へ関わることを制度的にサポートしていくことについては，今後の政策の方向性として検討することが望まれる。

　本章の結果は，米国において孫の世話のために労働供給の調整が発生するのは，主に労働時間が短い層が中心であると分析しているRupert and Zanella（2018）の結果と興味深い対照をなしている。日本の中高年女性は，近い将来，労働市場への定着がさらに高まると予想され，祖母が孫の世話を担うようになることが雇用に与える影響はさらに大きくなる可能性があると考えられる。このような状況下では，現行の保育施設や介護施設のキャパシティーを強化することが，幼い孫や高齢の親の世話をする，すべての働く中高年女性にとって，

仕事の継続とケア提供を両立させる前提条件になると考えられる。

| 注 |

1　正規労働者（正規の職員）とは企業，団体，公的機関，民間企業に雇用され，定年を除き雇用期間に期限のない者のことである。本章で用いたデータでは，有給で働く中高年の祖母のうち，27.9パーセントが正規労働者，49.0パーセントが非正規労働者，22.5パーセントが自営業者として働いている。

2　この調査では孫の性別に関して聞いていない。回答者が6歳未満の子どもを育児している場合，その子どもが(i)自分の子ども，(ii)孫，(iii)別の親戚，(iv)その他のいずれであるかを聞いている。本章では，上記の育児活動のうち，孫の育児のみを行っている祖母を孫の育児をしているものとして定義した。これは，あらゆる種類の育児活動に携わる祖母の99.1パーセントに相当する。

3　少なくとも1人の孫の世話をしている祖母の週平均の育児時間は，祖母が働いている場合17.3時間，働いていない場合23.2時間である。働く祖母は，働いていない祖母と比べて孫を世話している時間は週平均で5.9時間少ないものの，働く祖母も孫の世話にかなりの時間を費やしている。

4　祖母が行う孫の世話と，母親が行う子どもの育児とは責任の度合いが異なる可能性に注意する必要がある。本章では祖母の孫の世話に焦点を当てたが，50代の女性のうち，自分の6歳未満の子どもの世話をしている者はわずか0.02％に過ぎない。

5　例えばオーストラリアでは，孫の世話を一定程度以上している（少なくとも35％の時間，育児をしている）祖父母を対象とした給付金制度が存在し，所得など一定の要件を満たせば孫が18歳になるまで受給できる。但し，この制度は主たる育児の担い手に対する制度と考えられ，本来は親が受給するものの何らかの事情があって祖父母が孫の育児を中心的に行っている場合を前提とした設計になっている。

| 参考文献 |

朝井友紀子・神林龍・山口慎太郎（2015）「保育所整備は母親の就業率をなぜ押し上げなかったのか」一橋大学経済研究所ディスカッションペーパー A.630 2015年11月.

相馬直子・山下順子（2017）「ダブルケア（ケアの複合化）」『医療と社会』27(1)，63-75.

Ahn, T. and K. D. Choi（2019）"Grandparent caregiving and cognitive functioning among older people," *Review of Economics of Household* 17, 553–586.

Arpino, B. and V. Bordone (2014) "Does grandparenting pay off? The effect of child care on grandparents' cognitive functioning." *Journal of Marriage and Family* 76 no.2, 337–351.

Chen, L. and G. Liu (2012) "The Health Implications of Grandparents Caring for Grandchildren in China." *Journal of Gerontology Series B: Psychological Sciences and Social Sciences* 67B(1), 99–112.

De Preter, H., Van Looy, D., Mortelmans, D. (2013) "Individual and institutional push and pull factors as predictors of retirement timing in Europe: A multilevel analysis," *Journal of Aging Studies* 27, 299–307.

Di Gessa, G., K. Glaser and A. Tinker (2016a) "The impact of caring for grandchildren on the health of grandparents in Europe: A lifecourse approach," *Social Science and Medicine* 152, 166–175.

Di Gessa, G., K. Glaser and A. Tinker (2016b) "The health impact of intensive and nonintensive grandchild care in Europe: New evidence from SHARE," *Journals of Gerontology Series B: Psychological Sciences and Social Sciences* 71(5), 867–879.

Frimmel, W., M. Halla, B. Schmidpeter, R. Winter-Ebmer (2017) "Grandmothers' labor supply." IZA DP No.11199. Institute of Labor Economics.

Hank, K., G. Cavrini, G. Di Gessa, and C. Tomassini (2018) "What do we know about grandparents? Insights from current quantitative data and identification of future data needs," *European Journal of Aging* 15, 225–235.

Ho, C. (2015) "Grandchild care, intergenerational transfers, and grandparents' labor supply." *Review of Economics of the Household* 13, 359–384.

Kessler, R. C., G. Andrews, L. J. Colpe, E. Hiripi, D. K. Mroczek, S. L. Normand, E. E. Walters and A. M. Zaslavsky (2002) "Short screening scales to monitor population prevalences and trends in non-specific psychological distress." *Psychological Medicine* 32, 959–976.

Kessler, R. C., J. G. Green, M. J. Gruber, N. A. Sampson, E. Bromet, M. Cuitan, T. A. Furukawa, O. Gureje, H. Hinkov, C. Y. Hu, C. Lara, S. Lee, Z. Mneimneh, L. Myer, M. Oakley-Browne, J. Posada-Villa, R. Sagar, M. C. Viana and A. M. Zaslavsky (2010) "Screening for serious mental illness in the general population with the K6 screening scale: Results from the WHO World Mental Health (WMH) survey initiative." *International Journal of Methods in*

Psychiatric Research 19（Suppl. 1 ）, 4-22.

Ku, L. E., S. C. Stearns, C. V. Houtven and M. Holmes（2012）"The health effects of caregiving by grandparents in Taiwan: An instrumental variable estimation." *Review of Economics of the Household* 10(4), 521-540.

Leopold, T. and J. Skopek（2015）"The demography of grandparenthood: An international profile." *Social Forces*. April 2015, 1-32.

Lumsdaine, R. L. and S. J. C. Vermeer（2015）"Retirement timing of women and the role of care responsibilities for grandchildren." *Demography* 52, 433-454.

OECD（2019）"Informal childcare arrangements," OECD Social Policy Division.

Oshio, T.（2014）"The association between involvement in family caregiving and mental health among middle-aged adults in Japan." *Social Science and Medicine* 115, 121-129.

Oshio, T. and E. Usui（2018）"How does informal caregiving affect daughters' employment and mental health in Japan?" *Journal of the Japanese and International Economies* 49, Issue C, 1-7.

Rupert, P. and G. Zanella（2018）"Grandchildren and their grandparents' labor supply." *Journal of Public Economics* 159, 89-103.

Soma, N. and J. Yamashita（2015）"The Double Responsibilities of Care in Japan: Emerging New Social Risks for Women Providing both Childcare and Care for the Elderly." Chan RKH（ed.）*New Life Courses, Social Risks and Social Policy in East Asia*. Oxford/New York: Taylor & Francis.

Ueno, Y. and E. Usui（2021）"The Effects of Providing Childcare on Grandmothers' Employment and Mental Health in Japan,"『経済分析』202号, 125-147

Zanasi, F., I. Sieben and W. Uunk（2020）"Work history, economic resources, and women's labour market withdrawal after the birth of the first grandchild." *European Journal of Aging* 17, 109-118.

第5章

保育料が保育需要と親の就業に与える影響

近藤 絢子・深井 太洋

1 はじめに

　急速な高齢化の進展を受け，出生率の向上と女性労働力の活用を両立させることが喫緊の社会的課題となっている。質のよい保育サービスを適切な利用者負担額の範囲内で提供することは，子育てと就労の両立を支援する重要な政策手段である。しかしながら，保育士や施設用地には限りがあるため，都市部の自治体の多くで，保育サービスの需要増加に保育所の供給が追い付いていない。

　日本の保育サービスのうち圧倒的なシェアを占める認可保育所は，利用者の負担する保育料があらかじめ決められており，一般的な財・サービスの市場と異なり需給バランスによって価格が変動することがない。近年，共働き世帯の増加とともに保育所利用希望者が増加し，特に都市部では保育所不足が慢性化しているため，保育料を上げて需要を抑制してはどうかという議論がある。もともと，認可保育所には多額の補助金が投入されており，利用者は保育のためのコストの一部しか負担していない。この負担割合を引き上げてはどうか，という議論である。

　その一方で，少子化の緩和や女性の地位向上のためには質のよい保育サービスをより安価に供給すべきという主張もなされている。子育ての金銭的コストを下げることで少子化が緩和される，保育所に入りやすくすることで女性の就業が促進され，企業内での女性の地位向上にもつながる，といった主張である。

　ところが，こうした議論の土台となるべき，保育サービス利用者の自己負担が保育所の利用希望や母親の労働供給に与える影響が，きちんと数量的に把

握・検証されているとは言い難い。適切な保育料水準を論じるためには，まず
保育料の変化が潜在的な利用者の行動に与える影響を検証しなければならない。

　本章は，こうした問題意識に基づいて，認可保育所の保育料が未就学児がい
る世帯の認可保育所の利用率や母親の就業率，世帯所得などに与える影響を検
証する。まず，第2節では，国内外の先行研究を紹介し，その知見をまとめる。
経済理論上，保育料の引き上げは保育所の利用希望を減らし母親の労働供給を
抑制するが，既存の実証分析の結果を見ると，その程度は国や時代によってま
ちまちである。2000年前後の日本のデータを用いた研究では保育料の引き上げ
が母親の就労を抑制する効果は無視できない大きさであったが，20年後の現在
においてもそれが妥当であるかは自明ではない。

　そこで，筆者らは，関東地方の都市部にある某市の協力を得て，改めて保育
料の影響を検証した。第3節では保育料の変動に対して保育所利用率や未就学
児の親の労働供給はほとんど変化しないという実証結果を紹介する。ただし，
後述するように，ここで用いた手法はあくまでも単年度の保育料の個別の変動
の影響をみるものであり，2019年秋に導入された3歳以上の保育の無償化のよ
うな恒久的かつ広範囲の変化の影響とは異なる可能性に留意する必要がある。
第4節では，この結果および留意点を踏まえて，政策的含意や残された課題に
ついて論じる。

2 ｜ 保育費用の影響についての先行研究

　保育費用が保育サービスの需要や母親の労働供給に与える影響についての先
行研究は数多くある。Blau and Currie（2004），Morrissey（2016），Akgunduz
and Plantenga（2018）などのサーベイ論文にまとめられているように，理論
上は保育費用の増加は保育サービスへの需要を減らし母親の就労を抑制すると
予測されるが，実証分析の結果にはばらつきがある。実証分析の結果にばらつ
きが生じるのは，国や時代によって背景となる制度や社会経済情勢が異なるた
めと考えられる。

　米国では，民間の保育サービスが主流であり，価格や質に大きなばらつきが
ある。Morrissey（2016）によれば，米国においては，保育費用と母親の労働

供給の間にははっきりとした負の関係が確認されている。カナダでは，1997年にケベック州が導入した安価な公営保育所の政策評価研究が行われ，Baker et al. (2008) や Lefebvre and Merrigan (2008) らによって，母親の労働供給が有意に増えたことが実証されている。

　これに対して，フランス，オランダ，スウェーデン，ノルウェー，ドイツなどのヨーロッパ諸国における実証研究では，保育費用に対する補助金の増額が母親の労働供給を増やす効果は北米に比べて小さい（各国の研究の具体例についてはFukai and Kondo (2021) を参照）。この理由としては，これらの国では補助金の増額前からすでに母親の就業率は高いことが多く，公的な保育サービスが充実しており保育費用が低かったことが指摘されている。

　翻って，日本は欧米に比べて，母親の就業率は低く，認可保育所の保育料は米国の標準的な保育費用に比べれば安いものの，入所に際しての条件が厳しく，就業時間がある程度長くないと利用できないといった特徴がある。また，近年は都市部では需要に供給が追い付かず，待機児童の問題が発生している。

　日本のデータを用いた先行研究としては，まず大石（2003）が挙げられる。大石（2003）は，平成10年の国民生活基礎調査のデータを用いて，世帯所得や居住する都道府県などから推計された認可保育所の保育料が，未就学児の母親の就業率に与える影響を検証した。その結果，認可保育所の保育料が高いほど母親の就業は抑制されること，とくに低賃金の女性ほど保育料の変化に反応しやすいことが示された。

　大石（2003）が実際の認可保育所の利用や就業のデータを用いたのに対し，清水谷・野口（2004）やZhou and Oishi（2005）は，仮想市場法という手法を用いて，保育料によって保育需要がどの程度左右されるかを推計した。仮想市場法とは，「保育料が〇〇円だったらあなたは保育所を使いますか？」という質問を，金額を変えて何度か行うことで，仮想的な市場における需要関数を推計する手法である。あくまで仮想的な意思決定であるため，価格を自由に変えて需要を推計できる反面，就業決定や世帯所得などへの影響を見ることはできない。清水谷・野口（2004）とZhou and Oishi（2005）のいずれも，保育需要は価格に対してかなり反応しやすいという結果を得ており，大石（2003）の「認可保育所の保育料が高いほど母親の就業は抑制される」という結果とも整

合的である。

　ただし，これらの研究で用いられたデータが採られた2000年前後に比べて，現在では，認可保育所を利用する母親の数が大幅に増えたのみならず，その内訳も変化している点に留意が必要である。この20年間で，出産後も正社員として就業を続ける女性が増えた一方，自営業の減少によって無給の家族従業員として働く女性は減ったため，認可保育所を利用する母親の平均所得は大幅に上昇した。また，核家族化の進展や，高齢者の就業率上昇により，保育所の代替としての祖父母による保育は近年かなり珍しくなった。すなわち，保育所に子供を預けて働くことで得られる所得が上昇するとともに，「祖父母による保育」という安価な代替手段を使えない世帯が増えてきており，とにかく認可保育所に子供を預けて共働きを維持したい，という世帯の割合が大幅に増えてきた可能性がある。この点は，第3節で紹介する実証結果の解釈の際に再び考察したい。

3 | 某市の業務データを用いた実証分析

　本節では，関東地方の某市の，住民税の課税情報と認可保育所利用者の情報を接合した業務データを用いた，Fukai and Kondo（2021）の分析結果を紹介する。分析手法やデータの詳細についてはFukai and Kondo（2021）を参照されたい。

3.1　保育料の決まり方と識別戦略

　認可保育所の保育料は，一般的に，市町村民税の課税額に基づいて決まる。住民税課税額と保育料の対応を示す保育料表は，市町村によって定められ，その市町村内のすべての認可保育所に一律に適用される。本研究のデータ提供元の市では，両親の市町村民税課税額の合計に基づいて，11階層に分けられている。このうち，両親の市町村民税における所得割額の合計が0ではない世帯（第4階層以上）について，子供一人当たりの保育料と所得割額の関係を示したのが図1である。なお，同じ階層でも，子供の年齢が二歳以下から三歳にな

ると大きく下がり，四歳になるとさらに少し下がる。また，図には示されていないが，第二子以降や片親世帯には減免措置がある。

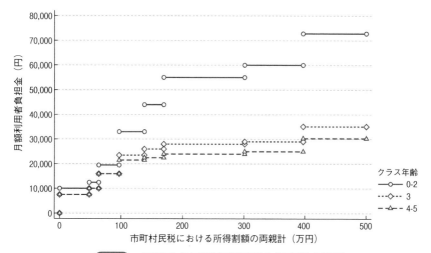

図 1　**両親の住民税所得割額と保育料の関係**

　分析対象の市では，他の多くの大都市同様，認可保育所の利用希望者が定員を上回る状況が続いている。両親ともフルタイム就業している場合でも，０歳か１歳の４月以外のタイミングで新規に入所することは難しい。４月入所の場合，T年の４月に適用される保育料は，T-1 年の６月ごろに通知される，T-2 年の所得に基づく市町村民税課税額によって決まる。入所申し込みは，T-1 年の12月で，この時点では４月に適用される保育料はすでに決まっている。住民税決定通知等で所得割額を確認して保育料表と照合すれば正確な保育料を事前に知ることもできる。

　上述の通り，保育料は住民税課税額，すなわち世帯所得によって決まる。世帯所得は，母親の就業状態や，保育所に対していくら払ってよいと思っているか，などとも相関していることが予想される。したがって，単純に保育所利用や母親の就業などを保育料に回帰しても，世帯所得の影響を拾ってしまい，保育料の影響を識別することができない。

　そこで，住民税所得割額が階層間の閾値を超えると保育料が不連続に上昇す

る点を利用し，階層間の閾値のすぐ上とすぐ下の世帯を比べる。これにより，保育料以外の差を極力小さく抑えた比較が可能となる。このような，効果を見たいもの（ここでは保育料）が，別の観察可能なもの（ここでは住民税所得割額）の値に応じて不連続に変化することを利用し，閾値の前後を比較する手法を回帰不連続法という。

　ただし，子供の保育料が上がらないように所得を調整してしまう両親が存在すると，閾値のすぐ下はそのような調整をするようなタイプの世帯，閾値のすぐ上はそのような調整をしないようなタイプの世帯になってしまい，比較が難しくなる。幸いにして，保育料は入園の2年前の所得に基づいて決まるうえに，給与明細等から自分で住民税所得割額を計算するのは簡単ではないため，2年後の保育料のことを考えて収入を調整する人は少ない[1]と考えられる。

3.2　データ

　関東地方の都市部にある某市から，住民票上の世帯構成と住民税の課税情報の一部に認可保育所利用者の情報を接合した業務データの提供を受けた。データがカバーする範囲は，2018年1月1日時点にこの市に居住していた，未就学児のいる全世帯の，2015年から2018年までの4年間の情報[2]である。提供された課税情報に含まれるのは，労働供給の代理変数として各種控除を適用する前の給与所得と，保育料の計算のために必要な控除後の課税対象所得および調整控除であり，ここに住民票に基づく各世帯員の生年月・性別・世帯主との続柄が付与されている。さらに，認可保育所を利用している世帯については，利用していることを示すフラグの他，市が認定し実際の保育料の請求に使われている保育料階層がわかる。ただし，市が把握していない，認可外の保育所の利用についての情報はない。

　4年分の課税情報のうち，2015年と2016年のデータは，2017年と2018年の4月の段階で適用される保育料の計算に用い，2017年と2018年のデータは，それぞれの年の母親就業（給与所得の有無で判別）や世帯の所得の把握に用いた。したがって，実質的には2年分のデータとなる。サンプルサイズは，2017年は38,263世帯，2018年は35,781世帯であり，分析に際しては世帯の重複に留意し

つつ 2 年分のデータをプールして用いる。

3.3　分析結果：保育料は保育所の利用割合にも母親の就業にも影響しない

　第3.1節で述べたように，世帯所得が高いほど住民税課税額が高くなり保育料も高くなるため，保育所利用や母親の就業などを単純に保育料に回帰すると，世帯所得の影響を拾ってしまう。そこで，Fukai and Kondo（2021）では，保育料が引きあがる閾値の周辺の世帯だけを取り出して比較する回帰不連続法を用いて，保育料以外の条件を極力同じにそろえたうえでの保育料の影響を検証した。

　図 2 は，第 4 階層から第11階層までのあいだの，7 つの閾値すべてを合算して，その前後の世帯の平均値をグラフに示したものである。4 つのグラフの縦軸はそれぞれ，(a)その世帯に課される保育料，(b)認可保育所を利用している世帯の割合，(c)母親が就業している（正の給与所得がある）割合，(d)両親の給与所得の合計，である。横軸は閾値からの差を表しており，0 の前後で保育料表上の保育料が不連続に上昇する。差が分かりやすいよう，閾値の前後それぞれの分布の回帰線も図示してある。

　パネル(a)では，保育料表上の閾値の前後で，実際にその世帯で課される保育料が不連続に上昇することが確認できる。階層間の保育料の差には幅があるほか，子供の人数や年齢によっても世帯当たりの保育料は変わってくるが，平均すると閾値の前後で月 1 万円ほど保育料が上昇することがわかる。

　ところが，パネル(b)を見ると，認可保育所の利用割合には閾値の前後ではとんど差がない。世帯当たりの保育料は 1 万円の差があるが，その差が保育所の利用割合にはほとんど影響していないのである。パネル(c)の母親の就業についても，保育料が上がっても母親の就業は減らない[3]。パネル(d)の両親の給与所得の合計もほとんど変化しない。

　より厳密な分析として，Fukai and Kondo（2021）では，第 4 階層と第 5 階層の間など，それぞれの階層間の閾値の前後の差を個別に推計したが，はっきりと差が出るところはなかった。階層と世帯所得は連動しているので，どの階

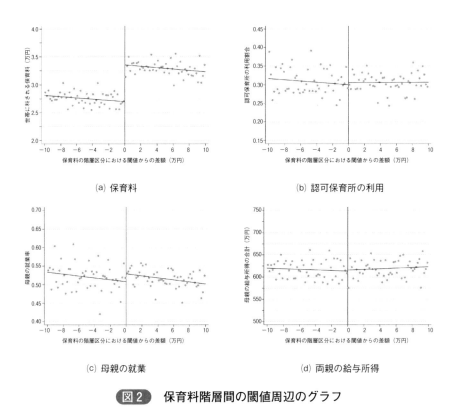

(a) 保育料

(b) 認可保育所の利用

(c) 母親の就業

(d) 両親の給与所得

図 2 保育料階層間の閾値周辺のグラフ

層間でも差が出ないということは，世帯所得の高低にかかわらず，保育料は保
育所の利用や母親の就業，両親の給与所得に影響しないことを意味する。

　加えて，分析対象をいくつかのグループに分けた推計も行った。まず，保育
料は 2 歳以下と 3 歳以上で大きく変わるので，末子の 4 月 1 日時点での年齢が
2 歳以下か 3 歳以上かで分けた。保育料の差だけでなく，新規に保育園を利用
し始めるのは圧倒的に 2 歳以下が多い点や，3 歳からは幼稚園に通わせるとい
う選択肢も出てくるといった違いもある。しかしながら，2 歳以下でも 3 歳以
上でも，閾値の前後で保育所の利用割合も，母親の就業割合も差はなかった。
次に，前年度に認可保育所を利用していた世帯とそうでない世帯に分けた推計
も行ったが，やはりどちらも保育料の影響は確認されなかった。すなわち，保
育料の変動は，これまで保育所を利用していなかった世帯が新たに利用をし始

める確率にも，これまで保育所を利用していた世帯が継続利用する確率にも，有意に影響を与えず，したがって母親の就業への影響もない。

　さらに，ひとりっ子か否かでの場合分けや，核家族に限定した推計なども行ったが，保育料の上昇が保育所利用率の減少や母親の就業率の低下につながるという結果はまったく観測されなかった。しいて言えば，保育料があがると両親の給与所得の合計が増える場合があり，保育料の上昇を補うために労働供給を増やしている可能性が示唆されたが，統計的には有意でないことも多く頑健な結果とはいえない。

3.4　結果の解釈：
なぜ先行研究と異なり保育料が影響しないのか

　このように，Fukai and Kondo（2021）の分析では，保育料表の階層間の閾値を超えたために保育料が上がっても，保育所の利用割合や母親の就業には影響がなかった。一方，第 2 節で紹介した2000年前後のデータを用いた日本の先行研究では，認可保育所の保育料があがると母親の就業率は下がり（大石2003），保育所の利用希望も減る（清水谷・野口 2004, Zhou and Oishi 2005）。なぜ，Fukai and Kondo（2021）では先行研究と異なる結果となったのだろうか。

　考えられる理由の一つとして，閾値に近い世帯が自分がどの階層にあたるのかを申し込み時点で正確に把握していなかったために反応できていなかった可能性が考えられる。これは，保育料表の階層間の閾値の前後のみを比べるという回帰不連続法に特有の問題であり，まったく異なる手法を用いた先行研究では問題とならない。

　第3.1節で述べたように，住民税の所得割額自体は，認可保育所の入園申し込みの約半年前である，入園前年の 6 月には各世帯に通知されている。保育料表も公表されているので，保育所の利用を希望する市民は調べれば 4 月の保育料を正確に知ることができる。とはいえ，調べるのにはそれなりに手間がかかるため，実際にどのくらい保育料を把握できているのかはわからない。

　そこで，2020年12月時点で市内の公立保育所に通っている子供の保護者を対

象に，入園申し込みの時点で保育料を正確に把握していたか尋ねるアンケート調査（近藤・深井 2022）を行った。(1)支払う保育料がいくらぐらいか，調べてわかっていた，(2)支払う保育料がいくらぐらいか，調べたがよくわからなかった，(3)支払う保育量がいくらぐらいか，調べてわかっていたつもりだったが，実際の請求をみて違っていることに気が付いた，(4)申し込む段階では保育料がいくらか気にしていなかった，の４つの選択肢から１つを選ぶ形式で，回答者の43.8%が「(1)支払う保育料がいくらぐらいか，調べてわかっていた」と回答した。子供の学年やひとりっ子か否か等で場合分けして集計しても，おおむね４～５割が入園申し込みの時点で保育料を分かっていたと回答した。

　逆に言えば半数強は，入園申し込みの時点で正確な保育料を把握していなかったということでもあり，また，全体の6.6%を占める「(3) 実際の請求をみて違っていることに気が付いた」と答えた保護者が，保育料表の階層が変わる境目の周辺に集中して分布している可能性も捨てきれない。とはいえ，仮に保育料表の階層が変わる境目の周辺でも４割程度が正確に保育料を把握していたとするならば，もしその４割が保育料に反応して行動を変えていたら推計値に現れてくるはずである。したがって，入園申し込みの時点で保育料を把握していない世帯の存在が推計された保育料の効果を弱めていたとしても，それだけで先行研究との差をすべて説明できるとは考えにくい。

　もう一つの理由としては，認可保育所の入所希望者が定員を上回るために，将来の入所可能性を重視し単年度の保育料の変動には反応していないのかもしれない。つまり，ある年の保育料が高いからといって，その年の利用を見送ると，翌年以降に認可保育所を利用しようと思っても枠がない，という事態が生じるために，保育料が高くなっても利用する世帯が多い可能性がある。

　とりわけ，この市では，認可保育所の利用希望者の増加に供給が追い付かず，２歳以下の４月入所であっても，新規申し込み児童の約２割[4]が入所できない状況が何年も続いている。一方で，前年度に認可保育所をすでに利用していた場合は，両親が就労している等の条件を満たすかぎりにおいては同じ保育所に通い続けられる。つまり，現在認可保育所を利用していることによって，翌年以降の入所可能性も担保されるのだ。

　ここで注意したいのは，保育料表の階層間の閾値の前後を比較する手法で検

証できるのはあくまでも単年度の保育料の影響である点だ。閾値のすぐ近くの世帯だけを比べているので，翌年は容易に閾値の反対側に移動しうる。さらにいうと，育児休業給付金は非課税なので，出産後の数年間は，両親の住民税課税額は大幅に変動しうる。したがって，閾値の近くに限らなくても，保育料は年によって相当の変動をする。「今年の保育料が高くても，来年以降も高くなるとは限らないし，今年のうちに入っておかないと来年は入所できるかわからない」となれば，入所しておこうという世帯も多いのではないだろうか。

　この第二の可能性は，データの裏付けのない単なる推測である。ではあるが，多くの人の実感に合う説明ではないだろうか。また，仮想市場法を用いた先行研究（清水谷・野口 2004, Zhou and Oishi 2005）では，保育所を使いたいかどうか自体が仮想的な質問なので，こうした将来の入所可能性などを考慮する必要がなく，保育料が保育所の利用希望にダイレクトに影響したと考えれば，結果の差も説明できる。

　最後に，先行研究に比べて，本章で分析した2017-2018年では認可保育所を利用する母親の属性が大きく変化した点も結果の差につながっている可能性がある。大石（2003）のデータは1998年のものだが，当時に比べてフルタイムで雇用されている母親の割合[5]は倍増した。また，1 年程度の育児休暇を取得しながら産前の仕事を継続する女性もこの20年間で大幅に増加した。出産を機に正社員の仕事をやめてしまうと生涯所得は大幅に下がることが知られており，育休明けに是が非でも保育所に入所して正社員としての就業を継続したいという女性が大幅に増え，保育料に対する保育需要の弾力性が実際に下がってきている可能性も否定できない。

4 ｜ 政策的含意と今後の課題

　第 3 節で紹介したFukai and Kondo（2021）の実証結果は，保育料表の階層間の閾値の前後を比較する手法で単年度の保育料変動の影響を推計すると，保育所利用割合にも母親の就業割合にも変化が検出されない，というものであった。ここから何が言えるのだろうか。

　まず先に指摘しておきたいのは，ここで得られた結果は，より恒久的かつ広

範囲の変化の影響へ一般化はできない，という点である。第3.4節でも述べた通り，保育料の変動に対して保育所の利用割合や母親の就業割合に影響がなかった理由として，相当数の世帯がそもそも正確な保育料を把握していなかったことと，翌年以降の入所可能性を考慮して単年度の変動には反応しなかった可能性を指摘した。しかし，たとえば2019年秋から始まった3歳以上の保育無償化のように，誰もが分かる形で恒久的に保育料が引き下げられた場合には，この2つの理由のどちらも成立しない。2019年秋の無償化は，認可保育所の利用希望者が急激に増加するような事態にはつながらなかったとみられるが，これは対象となった3歳以上の児童の大半が，無償化の前から保育園か幼稚園に通っており，同時に幼稚園の無償化も行われたために幼稚園から保育園へのシフトも起こらなかったためである。幼稚園という選択肢がない2歳以下について同様の政策がとられた場合に保育需要が急増する可能性について，本章の分析結果からは何も言えない。

　それよりも，Fukai and Kondo（2021）の結果から示唆されるのは，保育所利用の意思決定は，保育料と就業により得られる所得の一時点における比較ではなく，翌年以降の入所可能性や長期のキャリアパスなどを考慮したダイナミックなものであり，制度設計の際にもそうしたことを考慮することが重要だということだろう。認可保育所のキャパシティが足りていない現状においては，確実に入所するために育児休暇を短縮し0歳から入所しようとする世帯の存在が，高コストの0歳児保育の需要を本来必要とされている以上に高めてしまい，保育所不足に拍車をかけてしまうといったことも指摘されている。限られた資源を効率的に利用するためには，個人の戦略的な行動を見越して制度設計をすることが求められる。

　適切な保育料水準を論じるための土台としては，本章で紹介した実証結果からは，制度を大きく変えることなく保育料の水準を少しだけ変えても，おそらく認可保育所の利用希望も女性の就業率もあまり変化しないだろう，とは言えるかもしれない。しかし，それ以上のことを検証するためには，ランダム化比較対象実験などが必要となってくるだろう。大きな政策変更をする前に，小規模な社会実験をし，意図した通りの反応が得られるか検証してみる，といったことが今後必要になってくるのではないだろうか。

｜注｜

1 Fukai and Kondo (2021) ではデータを用いた統計的検定も行い問題がないことを確認した。

2 住民税のデータなので，2015年以降にこの市に転入してきた世帯は転入後のデータしかないが，これは分析結果に大きな影響は与えない。この点をはじめ，分析サンプルの構築の詳細については Fukai and Kondo (2021) を参照されたい。

3 グラフはむしろ増えているようにも見えるが，この差は統計的に有意ではない。

4 「利用保留児童」の割合。多くは認可保育所以外の保育施設に入所するので公表される「待機児童」には含まれない。

5 厳密には社会保険料を払っている割合。具体的な数値や出所など詳細は，Fukai and Kondo (2021) を参照。

｜参考文献｜

大石亜希子（2003）「母親の就業に及ぼす保育費用の影響」『季刊社会保障研究』第39巻第1号, pp. 55-69

近藤絢子・深井太洋（2022）「認可保育所保育料に関する保護者の認知調査」 *ESRI Research Note*, No. 67.

清水谷諭・野口晴子（2004）「保育サービス需要の価格弾力性と潜在需要推計：仮想市場法（CVM）によるアプローチ」『介護・保育サービス市場の経済分析─ミクロデータによる実態解明と政策提言』東洋経済新報社

Akgunduz, Yusuf Emre and Janneke Plantenga (2018) "Child Care Prices and Maternal Employment: A Meta-Analysis," *Journal of Economic Surveys*, 32(1), 118-133.

Blau, David M. and Janet Currie (2004) "Pre-School, Day Care, and After-School Care: Who's Minding the Kids?," *National Bureau of Economic Research Working Paper Series, No. 10670.*

Baker, Michael, Jonathan Gruber and Kevin Milligan (2008) "Universal Child Care, Maternal Labor Supply, and Family Well-being," *Journal of Political Economy*, 116(4), 709-745.

Fukai, Taiyo and Ayako Kondo (2021) "Households' Responses to Childcare Fees: Childcare Usage and Parental Labor Supply," *CREPE Discussion Paper, 2021, No. 97.*

Lefebvre, Pierre and Philip Merrigan (2008) "Child-Care Policy and the Labor Supply of Mothers with Young Children: A Natural Experiment from Canada,"

Journal of Labor Economics, 26(3), 519-548.

Morrissey, Taryn W. (2016) "Child Care and Parent Labor Force Participation: A Review of the Research Literature," *Review of Economics of the Household*, 15 (1), 1-24.

Zhou, Yanfei and Akiko Oishi (2005) "Underlying Demand for Licensed Childcare Services in Urban Japan," *Asian Economic Journal*, 19(1), 103-119.

第6章

保育士を確保するための政策の効果

朝井 友紀子・地曳 暁瑛

1 はじめに

　多くの大都市[1]において，保育サービスの需要は供給をはるかに上回っている。補助金により運営されている保育所に子どもを入所させることは容易ではなく，こうした状況は，親の労働供給の決定要因にも影響を与えている。子どもを持つ親は，より高額な保育サービスに頼るか，自ら育児に専念することを選択し，自身のキャリアを諦めるという選択を強いられることとなり，その負担は特に母親により重くのしかかる傾向にある。こうした保育サービス不足は，サービスの担い手となる保育士の確保が困難であることが一因として考えられる。厚生労働省によると，2020年1月の保育士の有効求人倍率は3.86となっており，保育士不足が深刻である。

　先行研究では保育サービスの利用が母親の労働供給[2]を押し上げることが示されており，こうした理論に基づけば，保育サービスの不足は女性の労働供給の抑制に繋がることが予想される。日本は，OECD（経済協力開発機構）加盟国の中で，母親の就業率が低い国の一つであり，こうした厳しい状況を受けて，政府は1990年代から保育サービスを拡大するため，様々な政策を実施してきた。しかし，保育サービスの拡大はその需要の加速度的な拡大に追いついていない。

　保育サービス不足の背景には，供給側の課題も考えられる。日本では公立と私立の2種類の保育所が存在する。公立保育所は政府によって運営が行われ，その職員は公務員の賃金体系に基づいて給与の支払いが行われているが，東京ではわずか5分の1の保育士しか公立保育所で働いておらず，保育サービスは，

主に私立保育所によって担われていると言える[3]。私立保育所の収入は政府からの補助金と利用者からの利用料から成り立っているが，補助金及び利用料は政府の価格設定によって決められている。中央政府と地方自治体は，保育サービスの「単価」に基づいて補助金を給付しており，保育単価は，(1)施設に通う子どもたちの年齢及び人数，(2)施設の規模，(3)地域区域の3つの要件に基づいて算出される。保育所の費用の少なくとも半分は補助金によって賄われており，残りの部分が利用者負担の利用料によって賄われている。利用者に請求される子ども一人当たりの平均月額保育費用は年齢，地域，世帯収入，兄弟・姉妹の数などにより，各自治体によって決められている。

　私立保育所は収入から人件費を捻出しているものの，人件費は政府が定める保育サービスの「単価」の影響を強く受けることとなるため，保育士の労働市場では，典型的な価格メカニズムが機能しない（山重 2018）。このため，労働力の超過需要が起きているのにもかかわらず，保育士の賃金は他の職種よりも低くなっている。これは，補助金もしくは利用料のどちらか，又はその両方が低い水準であることが要因として考えられる。

　低い賃金水準は，離職を促すとともに，求職者が保育士として働くことを躊躇する一因となっている。多くの職種で，経験年数に応じて賃金が上昇するという「経験に即した見返り」がある仕組みがとられている一方，保育士の場合，後述する制度改正が行われる以前は，私立保育所への補助金は，経験年数など労働者の特性に十分連動しておらず，保育士の賃金体系は，経験年数に応じたものではなかった。このため，経験を積んだ保育士にとって，働き続けるインセンティブは働きにくい。東京では保育士の資格を有する者のうち，わずか61%しか保育士として働いておらず，離職者のうち29%が低賃金を離職の主な要因としている（東京都福祉保健局 2018）。

　保育士の離職を抑制し，保育士不足を解消するため，政府は私立保育所向けの補助金の増額を2013年から段階的に実施した。2013年に3-13%の補助金の加算を行い，2015年には2%，2017年には2%の引上げを行った。これらの制度改正により，補助金が保育士の経験年数に基づいて決定されやすくなり，保育所には保育士の雇用維持のためだけではなく，経験を積んだ保育士を雇い入れるために賃金を増額するというインセンティブが生まれた。

　本章では，「東京都保育士実態調査」を活用し，私立保育所向けの補助金の増額が，保育士の賃金と離職意向に及ぼした影響について政策評価を行ったAsai and Jibiki（2021）の分析結果を紹介する。なお，分析手法や調査の詳細についてはAsai and Jibiki（2021）を参照されたい。

2 ｜ 制度的背景

　本節では，保育士の労働市場と保育士不足の背景について概説するとともに，保育所を対象とした補助金に関する制度改正について紹介する。

2.1　保育に係る補助金制度の背景

　日本では，1970年代から6歳未満の子どもを対象とした保育サービスが提供され，地方自治体や中央政府は，保育サービス費用の少なくとも半分以上を補助金として負担してきた。特に，認可保育所は補助金でその費用の大部分が賄われ，かつ質の高い保育サービスが提供されることから，多くの親たちが利用を希望し，保育サービスの需要は過多の状態にあった。

　保育サービスの需要過多に対処するため，政府は1990年代から「エンゼルプラン（1994年12月策定）」と「新エンゼルプラン（1999年12月策定）」を策定し，保育所の保育定員の拡大，週末や祝日も含む保育時間の延長を行ってきた[4]。2003年には「少子化社会対策基本法」を施行し，更なる保育サービスの拡充を図った。

　これらの政策により保育所数は増加したものの，保育サービスの需要増加には追いつくことができず，毎年約2万人の待機児童が生じており，2020年は待機児童の87％が0歳児から2歳児となっている[5]。年長の子どもたちと比べ，0歳児から2歳児に集中して過剰需要が起きている要因としては，0歳児から2歳児に必要な一人当たり保育士数が多いことが考えられる。また，保育サービスの質に関する基準が厳しく，民間による保育所の新設が難しいことも一因として考えられる。

2.2　保育士の労働市場

　次に保育士の状況についてみていく。保育士は政府から保育士資格を得る必要があり，新しく保育士を養成するには2年間から4年間の教育期間を要する。保育士資格を得るには2通りある。第一の方法は4年制大学，短期大学，または保育士の専門学校を卒業することであり，現役保育士の多くがこの方法で資格を得ている。第二の方法は，保育士試験に合格をすることであるが，年間1〜2度行われる保育士試験は非常に厳しい競争となっており，厚生労働省によると，20%程度の合格率となっている[6]。こうしたことから，保育士になるために多くの教育投資が要求される一方，他の職種に比べて保育士が教育投資から得るリターンは低い[7]。

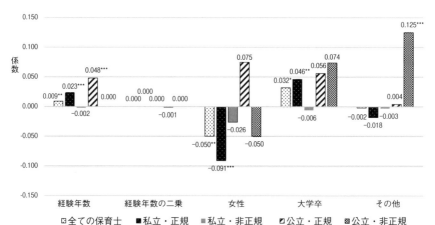

注：図は，2013年の東京都保育士実態調査から算出した保育士の対数変換後の一時間当たりの賃金の推定値を表す。学歴ダミー変数（大学卒，その他）の基準カテゴリは短大卒である。「***」は1％水準未満，「**」は5％水準未満，「*」は10％水準未満で統計的に有意であることを示している。

図1　保育士の時間あたり賃金の推定

　では実際に，保育士として働くことの経済的なリターンを検証してみよう。図1は，対数変換後の一時間当たりの賃金の推定値（対数賃金を被説明変数とした回帰分析の係数）を示している。大学卒の係数を「全ての保育士」につい

てみると，大卒は短大卒に比べて賃金が3.2％の上昇にとどまっている。また，私立保育所の正規保育士では，大卒であることによる経済的リターンは4.6％にとどまる。

　先に，保育士の賃金体系は経験年数に応じた仕組みとなっていないことを議論したが，実際に経験年数に対するリターンは低い。**図1**から全ての保育士に関して経験年数の係数を見ると，1年経験年数が上がることによるリターンが0.9％と低水準であることに加え，経験年数の二乗の係数は0であることから，賃金と経験年数の間に非線形関係がなく，経験年数に応じて賃金の上昇率が大きくなることもないことがわかる。また，経験年数に対するリターンは，私立保育所の正規の保育士では2.3％であるのに対し，公立保育所の正規の保育士では4.8％となっている。公立保育所の保育士の賃金に，ある程度の水準のリターンがあるという結果は，公立保育所の保育士の給与が公務員の給与に準じており，経験年数が上がるにつれて給与が上昇することと一致している。一方，私立保育所の保育士の給与は，経験年数にあまり連動していない。

　こうした低い賃金水準と経験年数を適切に反映していない賃金体系が，保育士が私立保育所で長期間働き続けることの阻害要因となっている可能性がある。近年の研究では，保育士の豊富な経験が子どもの発達にポジティブな影響を与えることがわかっており（Chetty et al. 2011; 藤澤・中室 2017），私立保育所でも経験豊富な保育士が働き続けるためのインセンティブを与えることが重要である。

　一方，**図1**から非正規の保育士の一時間当たり賃金は，私立と公立ともに経験年数によってほとんど増加しないことがわかる。この結果は，2002年に関東地方と他の3県の調査を用いて保育士の時間当たり賃金を推定した清水谷・野口（2005）の結果と一致する。

3 ｜ 2013年，2015年，および2017年の制度改正

　本節では，本研究に係る主な制度改正についてみていく。政府は，2013年から私立保育所への補助金を徐々に増加させてきた。これらの改正は私立保育所のみに適用されており，公務員の給与体系に準じた公立保育所はその対象と

なっていない。補助金率は，それぞれの保育所における保育士の平均的な経験
年数により定められていることから，保育所が経験豊かな保育士を継続雇用す
るインセンティブとなった。

　図2は，保育所における保育士の平均経験年数と，それによる補助金の加算
率をパーセンテージで示したものである。実線で示された「2013年」では，
2013年4月時点の加算率が示されており，保育士の平均勤続年数によって補助
金が3-13％加算されていることが示されている[8]。2015年4月には，子ども・
子育て支援法の施行に伴い，補助金が新たに2％の増額（破線）[9]されており，
2017年4月には，更に2％の増額（点線）が行われている[10]。このため，2015
年と2017年の制度改正により，合計で4％の増額が行われたことになる。それ
に加えて，2019年4月には，追加で1％の上乗せが行われている（長破線）。

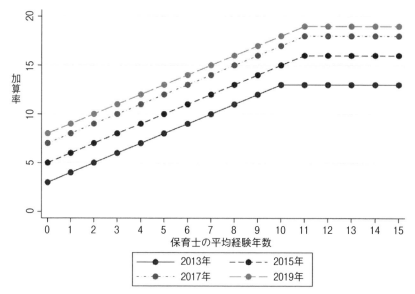

注：内閣府資料より作成。保育所における保育士の平均経験年数に基づいた補助金
　　の加算率を年別に示している（2013年からのパーセンテージ変化）。

図2　2015年, 2017年, 2019年の制度改正後の処遇改善のための補助金の加算率

4 東京都保育士実態調査データ

補助金増額の政策効果を検証するため，東京都が2013年と2018年に実施した「東京都保育士実態調査」を使用する。この調査は，過去5年間に東京で保育士資格を得た者，又は保育士資格を更新した者を対象として，雇用形態，保育所の施設類型，経験年数，労働時間，年収等を調査している。このため，現役保育士だけでなく，離職者及び潜在保育士についても分析をすることができる。

2013年調査は8月の最終週から9月の第一週にかけて実施され，2018年調査は，8月の第一週および第二週に実施された。最初の補助金増額を伴う制度改正は2013年4月に行われたことから，2013年8月のデータには，制度改正後の5カ月間の効果が部分的に反映されている。

サンプルサイズは2013年では15,369，2018年では15,358であり，回答率は2013年では54.7％で，2018年では35.7％であった。比較的低い回答率にもかかわらず，調査の母集団と調査回答者の特性に大きな違いはなかった。無回答による分析結果への影響を極力減らすため，分析では確率による重み付けを行う。調査の母集団と調査回答者の比較，確率による重み付け，データの記述統計については Asai and Jibiki（2021）を参照されたい。

5 補助金増額の政策効果の実証分析

以下では，保育所への補助金増額と保育士の賃金の関連性，および保育士の賃金と離職意向の関連性について実証分析を行った Asai and Jibiki（2021）の分析結果を紹介する。

5.1 識別戦略

保育所への補助金増額が，保育士の(1)時間あたりの賃金[11]と，(2)離職意向（離職意向が有る場合には1をとり，無い場合には0をとるダミー変数）に及ぼした影響を検証する。分析では，政策効果の検証に適した「差分の差法」を

用いる。具体的には，制度改正の影響を受ける私立保育所の保育士を処置群とし，制度改正の影響を受けない公立保育所の保育士を対照群として，改正前の2013年と改正後の2018年の保育士の賃金と離職意向を比較する。分析手法の詳細については，Asai and Jibiki（2021）を参照されたいが，以下では差分の差法で推定した政策効果（回帰分析では2018年ダミー変数と私立保育所の保育士ダミー変数の交差項の係数）を**図3～4**で紹介する。

　なお，2013年から2018年にかけて，保育所の数が増加し，保育士の数も増えたことから，保育士の特性や保育所の種類が時間と共に変化していることも考えられる。こうした影響を除くため，すべての回帰分析では保育士の特性および保育所の特性をコントロール変数として加えている。具体的には，年齢，経験年数，経験年数の二乗，女性ダミー，配偶者の有無，6歳未満の子供の有無，居住地（区部，市部，町村部，島しょ部，東京都以外），保育士資格の取得方法（学校経由の資格取得，保育士試験），学歴（大学，短大，その他），施設類型（認可保育所，認証保育所，認定こども園，その他），運営主体（営利（株式会社），非営利（公営，社会福祉法人，NPO法人））を回帰分析の説明変数として加えている。

　さらに，保育士がなぜ離職を希望するのかを明らかにするため，(3)離職後の希望進路と，(4)保育士を辞めたい理由を検証する。「離職後の希望進路」については，(a)他業種への転職，(b)結婚，出産等の個人・家庭の事情の二つに分類し，それぞれ被説明変数として用いた回帰分析を行った。「保育士を辞めたい理由」については，15個の選択肢の中から複数の理由を選ぶことができる設問を利用し，(ア)結婚，出産，介護，(イ)低賃金，(ウ)長時間労働，(エ)その他（職場の人間関係，保護者対応，仕事の向き不向き，他業種への興味等）の4つに分類し，ダミー変数を作成した上で，それぞれを被説明変数として回帰分析を行った。離職後に他業種への転職を希望する場合には，他業種と比較した保育士の労働条件に不満があることが考えられる。例えば，他業種で提供される賃金が保育士の賃金より高い場合は，他業種を希望する可能性が高くなる。個人・家庭の事情を理由とした離職は，家庭内労働の価値が現在の保育士の賃金よりも高いことを示唆している。

5.2　補助金の増額は保育士賃金を引き上げたのか？

　図 3 は，被説明変数をそれぞれ「対数変換された賃金」と「離職意向」とし，政策効果の係数を推定した実証分析の結果を示している。まず，左側の棒グラフを見ていただきたい。対数賃金の係数が0.07程度となっていることから，制度改正後の私立保育所における保育士の時間当たり賃金は，制度改正前と比べて約 7 ％増加したことがわかった。この分析結果から，補助金の増額は，比較的高い水準で保育士の賃金の増加に寄与していることがわかった。

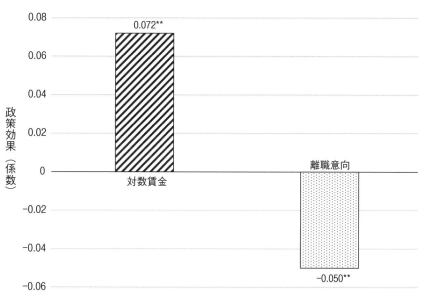

注：東京都保育士実態調査2013年，2018年を用いた。分析の対象者は，フルタイムかつ正社員の20-59歳の保育士である。被説明変数は対数賃金と離職意向（離職意向がある場合には 1 をとり，ない場合には 0 をとるダミー変数）である。サンプルサイズはそれぞれ9579，10339である。図には，政策効果を示す「2018年×私立保育所」の交差項の係数を表示している。説明変数には，年齢，経験年数，経験年数の二乗，女性ダミー，配偶者の有無， 6 歳未満の子供の有無，居住地，保育士資格の取得方法，学歴，施設類型，運営主体を用いている。「**」は 5 ％水準未満で統計的に有意であることを示している。

図3　**補助金の増額が保育士の賃金と離職意向に及ぼした影響**

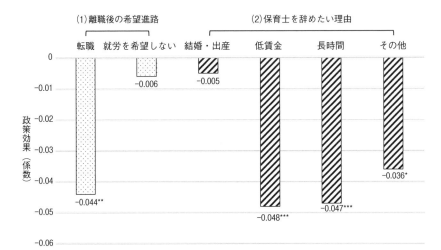

注：「東京都保育士実態調査2013年，2018年」を用いた。分析の対象者は，フルタイ
　　ムかつ正社員の20-59歳の保育士である。図には，政策効果を示す「2018年×私
　　立保育所」の交差項の係数を表示している。説明変数には，年齢，経験年数，
　　経験年数の二乗，女性ダミー，配偶者の有無，6歳未満の子供の有無，居住地，
　　保育士資格の取得方法，学歴，施設類型，運営主体を用いている。「***」は1％
　　水準未満，「**」は5％水準未満，「*」は10％水準未満で統計的に有意であるこ
　　とを示している。

図4　**補助金の増額が離職後の希望進路と保育士を辞めたい理由に及ぼした影響**

5.3　保育士賃金の上昇は離職意向に影響を及ぼしたのか？

　図3の右側の棒グラフは制度改正によって生じた保育士の賃金の上昇が，現
役保育の離職意向に及ぼした影響を示している。政策効果の係数から，私立
保育所の保育士の離職意向が5％ポイント程度引き下がったことがわかる。こ
れは制度改正前の平均である26％の離職意向の割合から19％減少したことを示
している。前述の賃金の結果を組み合わせると，労働供給弾力性[12]は2.7となる。
この結果から，保育士は賃金の変化に非常に敏感に反応し，労働供給を調整し
たといえる。

　次に，制度改正が，離職後の希望進路と，保育士を辞めたい理由へ及ぼす影
響について検証する。**図4**左側の「(1)離職後の希望進路」では，「転職を希望

する」場合に1をとるダミー変数と，「就労を希望しない」場合に1をとるダミー変数をそれぞれ被説明変数とした回帰分析の結果を示している。改正後は，転職を希望する確率が4.4%ポイントの減少を示しており，これは制度改正以前の水準である24%から18%減少したことを示している。一方で，今後就労を希望しない確率ついてはほとんど変化がない。

　図4右側の「(2)保育士を辞めたい理由」では，複数回答が可能な選択肢を使って，保育士を辞めたい理由について検証を行った結果を示している。制度改正後は，低賃金を理由とする離職意向に4.8%ポイントの減少，長時間労働を理由とした離職意向に4.7%ポイントの減少がみられた。その一方で，結婚や育児を理由とする離職意向については，変化がほとんどなかった。この結果から，保育士の賃金を引き上げることで，低賃金を主な理由とした離職（転職）を抑制できる可能性が示された。

6 ｜ 希望する賃金（留保賃金）に関する分析

　補助金の増額により保育士の賃金は増加したにもかかわらず，2018年時点でも約3分の1の有資格者は保育士として働いていない。また，離職意向についても，2013年から2018年にかけて改善傾向が見られたものの，約4分の1の現役保育士が離職を希望している。

　より多くの保育士の離職を防ぐために，今後どの程度の賃金改善が必要なのであろうか。本節では，労働者が希望する最低水準の賃金である「留保賃金」の検証を行う。労働供給の理論では，市場賃金が留保賃金よりも低い場合，不就労が選択される一方，市場賃金が上昇し，留保賃金よりも高くなった場合，家事・育児労働よりも就労するインセンティブが高まるため，労働が選択されることとなる。よって，保育士の賃金の引き上げは，市場賃金を相対的に引き上げるため，より多くの保育士が就労を選択すると考えられる。なお，記述統計量や分析の詳細については，Asai and Jibiki（2021）を参照されたい。

6.1　市場賃金と留保賃金の比較

　留保賃金の測定には，保育士として働く場合に求める賃金条件という調査項目を活用する。ここでは，(1)離職意向をもつ現役保育士，(2)過去に少なくとも1回は保育士として働いた経験があるものの，現在は働いていない有資格者（以下，離職者），(3)保育士として働いた経験がない有資格者（以下，潜在保育士）の3つのグループを対象に検証を行う。

　図5は，すべての有資格者について，留保賃金の（逆）累積分布関数を示したものである。これは，保育士の労働供給曲線を表しているということができる。興味深いことに，実線で示された留保（希望）賃金が，破線で示された平均賃金以下であった回答者はわずか10%程度であった。これは，多くの有資格者が現在の賃金水準では就労を選択しないことを示している。この図から，例

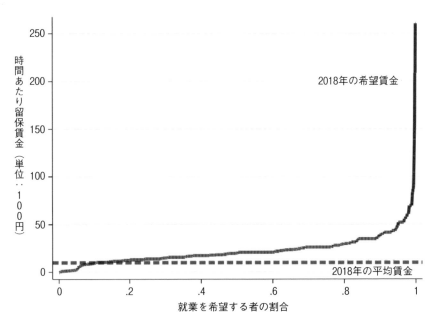

注：東京都保育士実態調査2018年を用いた。保育士の留保賃金の（逆）累積分布関
　　数を示している。分析対象はすべての有資格者である。

図5　保育士の希望賃金（留保賃金）と平均賃金（市場賃金）の比較

えば時間あたり賃金を1,000円から2,800円に増額することで，就労を希望する者の割合を1割から2割に増加させることが可能であることがわかる。つまり，縦軸「時間あたり留保賃金」が1,000円から2,800円（目盛の10から28）へと変化した際に，横軸「就業を希望する者の割合」が目盛の0.1から0.2へと変化することを指す。賃金を引き上げることで，より多くの保育士の就労を促進することができるといえよう。

　次に留保賃金について，離職意向のある現役保育士，離職者，潜在保育士別に検証してみよう。**図6**は，市場賃金と留保賃金の平均値を示している。左側の「(1)賃金」では，現役保育士の時間当たり賃金の平均は約1,000円であることが示されている。右側の「(2)留保賃金」によると現役保育士の留保賃金は約1,800円であり，実際の平均賃金との差は約800円である。この結果から，離職意向を持つ現役保育士については，賃金水準が現在の約1.8倍になったとすれば，継続就労を選択する可能性が高いことが示唆される。一方，離職者の留保賃金は約2,700円，潜在保育士の留保賃金は約2,900円であり，現役保育士の

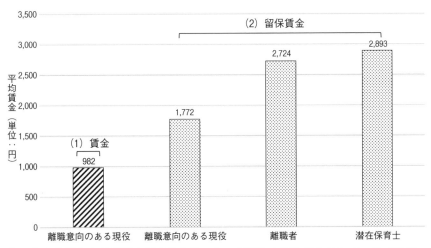

注：東京都保育士実態調査2018年を用いた。各変数の平均値を示している（単位：円）。分析の対象者は，20-59歳の離職意向のある現役保育士，離職者，潜在保育士である。

図6　賃金と留保賃金の平均値

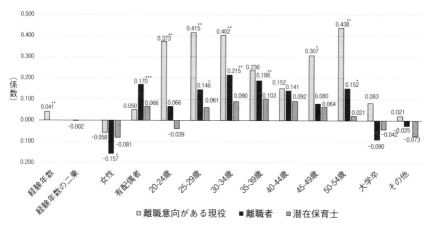

注：東京都保育士実態調査2018年を用いた。被説明変数は留保賃金である。分析の
　　対象者は，20-59歳の離職意向のある現役保育士，離職者，潜在保育士である。
　　年齢ダミー変数の基準カテゴリは55-59歳である。

図7　　留保賃金の決定要因の検証，2018年

賃金の約３倍弱に当たる。これは，賃金が現行水準の約３倍にならなければ，
離職者や潜在保育士が保育士市場で就労しないことを示している。

6.2　留保賃金の決定要因

　最後に，留保賃金の決定要因を検証する（**図7**）。現役保育士についてみて
いくと，経験年数の係数が0.041と正の値をとることから，経験年数が高まる
ほど，留保賃金が高いことがわかる。制度改正により，保育所における保育士
の平均経験年数が長い場合は，より多くの補助金が支払われる仕組みとなった
が，今後も仕組みを継続していく必要があるといえよう。また，年齢の係数を
みてみると，20代，30代では基準となる50代後半世代に比べて留保賃金が30％
から40％高い傾向にあることがわかる。これは，特に若い保育士の賃金が低く，
現在の賃金では子育て費用等を補うことが難しい可能性を示唆している。また，
男性は女性に比べて高い賃金を希望しており，他業種と比べて保育士を選択す
る確率がより低い。若い保育士や男性の保育士を増やすためにも，賃金を引き
上げる必要があると考えられる。

7 結論

　本研究では，保育士の離職率を引き下げるために2013年から実施された保育士の処遇改善を目的とした補助金の増額の効果を検証した。この処遇加算は，私立保育所が対象となり，各保育所における保育士の平均勤続年数に紐付けて支給された。まず，処遇加算が実際に保育士の賃金に反映されているかを検証したところ，保育士の時間あたり賃金にある程度反映されていることが明らかになった。また，保育士の賃金の上昇が労働供給に及ぼした影響を検証したところ，保育士の離職意向が5％ポイント減少していることが明らかになった。さらに，離職後の希望進路を検証したところ，転職による離職希望者が減っていることがわかった。また，保育士を辞めたい理由を検証すると，低賃金や長時間労働を理由とした離職意向が減っている一方，結婚や出産による離職意向には変化がないことが明らかになった。処遇改善は主に低賃金を理由とした保育士の離職（転職）を抑制する上で一定の効果があったと言える。

　加えて，離職意向のある保育士について，留保賃金と市場賃金を比較し，今後更なる賃金の引き上げが必要であるかを検証したところ，保育士の90％で留保賃金が市場賃金を上回っていた。つまり，保育士の現在の賃金が希望する賃金よりも低いために，就業を選択しない保育士が多いことが明らかになった。保育士の労働供給は非常に弾力的であり，賃金変化に敏感であることから，保育士の賃金をさらに引き上げることで，保育士の労働供給を増やすことができる可能性が示唆される。保育士の処遇改善が行われたとはいえ，依然として保育士不足は続いている。今後，保育士の離職率をさらに引き下げるための政策を継続する必要があるといえよう。

| 注 |

〔付記〕研究に用いるデータをご提供いただいた東京都少子社会対策部保育支援課に，この場を借りて感謝申し上げます。

1　厚生労働省「保育分野の現状と取組について」
　https://www8.cao.go.jp/kisei-kaikaku/suishin/meeting/wg/hoiku/20170922/17092

2hoiku02.pdf

2　保育の利用可能性と母親の就業率を検証した論文は数多くあるが，主なものと
してはGelbach（2002），Berlinski and Galiani（2007），Baker et al.（2008），Cascio
（2009），Fitzpatrick（2010），Havnes and Mogstad（2011）等をあげることができ
る。日本の近年の論文に関しては，Asai et al.（2015），Yamaguchi et al.（2018）
等を参照されたい。尚，内閣府（2014）によると，71.6％の女性が就業するための
必要条件として保育をあげている。

3　平成30年度東京都保育士実態調査 集計表（性・年代別）P193
https://www.fukushihoken.metro.tokyo.lg.jp/kodomo/shikaku/30hoikushichousa.fil
es/730shukeihyou.pdf

4　平成21年少子化白書 第 2 章 第 1 節
https://www8.cao.go.jp/shoushi/shoushika/whitepaper/measures/w-2009/21webh
onpen/html/i1210000.html

5　厚生労働省 令和 2 年 9 月 4 日 Press Release https://www.mhlw.go.jp/conte
nt/11922000/000678692.pdf

6　厚生労働省「保育士の現状と主な取組」
https://www.mhlw.go.jp/content/11907000/000661531.pdf

7　賃金構造基本統計調査によると，保育士の初任時の一時間当たりの賃金は1000
円程度にとどまっている。保育士の賃金プロファイルは，高学歴や資格を要しな
い百貨店の販売員と類似している。

8　2013年 4 月に行われた補助金の加算は，当初 1 年間の限定措置として実施され
た。加算分については，保育士の人件費加算分と管理費加算分の二つで構成され
ており，図で示した補助金の加算では管理費加算分の 2 ％を除外している。
https://www.mhlw.go.jp/web/t_doc?dataId=00tb5050&dataType=1&pageNo=4

9　内閣府告示「特定教育・保育，特別利用保育，特別利用教育，特定地域型保育，
特別利用地域型保育，特定利用地域型保育及び特例保育に要する費用の額の算定
に関する基準等」（平成27年 4 月 1 日施行）
https://www8.cao.go.jp/shoushi/shinseido/law/kodomo3houan/pdf/seisyourei/
h270331/k49-honbun.pdf

10　内閣府告示「特定教育・保育，特別利用保育，特別利用教育，特定地域型保育，
特別利用地域型保育，特定利用地域型保育及び特例保育に要する費用の額の算定
に関する基準等」（平成29年 4 月 1 日施行）
https://www8.cao.go.jp/shoushi/shinseido/law/kodomo3houan/pdf/seisyourei/
h290331/kaiseigo_honbun.pdf

11　一週間当たりの勤務時間と年収に関する情報から時間あたりの賃金を算出した。

12　労働供給弾力性は，賃金が限界的に1％変化したときに労働供給量が何％変化するかを示す。つまり，労働者の賃金変化への反応度合いを示す。

参考文献

清水谷論・野口晴子（2005）「保育士賃金の決定要因と賃金プロファイル：ミクロデータによる検証」『経済分析』175号, 33-49.

東京都福祉保健局（2018）「平成30年度東京都保育士実態調査報告書」

内閣府（2014）「女性の活躍推進に関する世論調査」報告書

藤澤啓子・中室牧子（2017）「保育の「質」は子どもの発達に影響するのか―小規模保育園と中規模保育園の比較から―」RIETI Discussion Paper Series 17-J-001

山重慎二（2018）「新制度の課題と改善策―保育サービス需給と財源の問題を中心に―」『社会保障研究』Vol.3, No.2.

Asai, Y. and A. Jibiki（2021）"An Analysis of the Labor Supply of Childcare Providers."『経済分析』第202号, 148-171.

Asai, Y., R. Kambayashi and S. Yamaguchi（2015）"Childcare availability, household structure, and maternal employment," *Journal of the Japanese and International Economies* 38, 172-192.

Baker, M., J. Gruber and K. Milligan（2008）"Universal child care, maternal labor supply, and family well-being." *Journal of Political Economy* 116, 709-745.

Berlinski, S. and S. Galiani（2007）"The effect of a large expansion of pre-primary school facilities on preschool attendance and maternal employment." *Labour Economics* 14, 665-680.

Cascio, E.（2009）"Maternal labor supply and the introduction of kindergartens into American public schools." *Journal of Human Resources* 44, 140-170.

Chetty, R., J. Friedman, N. Hilger, E. Saez, D. W. Schanzenbach and D. Yagan（2011）"How does your kindergarten classroom affect your earnings? Evidence from project star." *The Quarterly Journal of Economics* 126, 1593-1660.

Fitzpatrick, M. D.（2010）"Preschoolers enrolled and mothers at work? the effects of universal prekindergarten." *Journal of Labor Economics* 28, 51-85.

Gelbach, J.（2002）"Public schooling for young children and maternal labor supply." *American Economic Review* 92, 307-322.

Havnes, T. and M. Mogstad（2011）"Money for nothing? universal child care and maternal employment." *Journal of Public Economics* 95, 1455-1465.

Yamaguchi, S., Y. Asai and R. Kambayashi (2018) "Effects of subsidized childcare on mothers' labor supply under a rationing mechanism," *Labour Economics* 55, 1-17.

第 Ⅲ 部

子育て世帯の強靭化

第 7 章

出生率内生化モデルと社会保障

安岡 匡也

1 はじめに

　本章では，育児支援政策をはじめとする社会保障制度が出生率にどう影響を
与えるのかを説明する。そもそも，育児と社会保障はどう関連しているのだろ
うか。実は，社会保障制度は，様々な形で育児に影響を与えると考えられる
（**表 1** を参照）。

表 1　種々の子育てに関連する社会保障制度

児童手当	中学校修了までの児童に対して給付
児童扶養手当	所得水準および子ども数に応じて給付
幼保無償化	一定の条件の下で幼稚園・保育園の利用料が無料
遺族年金	一家の稼ぎ手が亡くなった場合，遺族基礎年金・遺族厚生年金が給付
育児休業給付	育児休業中，一定の金額が給付
生活保護制度	最低限度の生活のための生活保護費が給付

　例えば，児童手当は最も一般的な育児に関する社会保障制度である。児童手
当は子ども 1 人につき月額いくらという形で現金が支給されるものであり，具
体的には何カ月のものをまとめて銀行口座に支給されるものである。また，児
童扶養手当は防貧的な役割を果たしているものであり，子ども数だけでなく所
得水準に応じて給付が行われるものである。

　また，育児支援については現金給付だけでなく，現物給付も行われる。具体
的には保育園の利用である。親が働いているために，子どもの面倒を見ること

ができない場合には保育園を利用することができるが，この保育園の利用料金は近年の消費増税によって調達された財源で無料または低額に抑えられているのである。現金という形では支給されていないが，政府による補助により利用が無料となっており，このような形態は現物給付と言われる。育児をするために育児休業をとることは，労働者の権利として法律で定められており（介護育児休業法），さらに雇用保険制度による育児休業給付が支給されることとなる。

　また，子育てと直接結びつかないと思われるかもしれないが，子育てにおいて重要な社会保障制度は多くある。例えば，一家の稼ぎ手が失業して収入を得ることができない場合，生活費を工面できず，一家が路頭に迷うことになる。その場合，子どもの成長のために十分な資金が無ければ，子どもの成長に重大な問題を及ぼすだろう。そうならないために，失業した場合には雇用保険制度から失業手当が給付されることになる。また，このような給付がもらえない場合でも生活保護制度といった公的扶助の形で給付を受けることができる。

　さらに，年金制度には老齢年金だけでなく障害年金や遺族年金もあり，一家が貧困に陥る状況を防ぐ役割を果たしている。老齢で退職した場合の生活を送るための資金として老齢年金が存在する。特に近年は晩婚化などの影響もあり，また，子どもの大学進学率の上昇も考えると，子育て期間が老年期に割り込むことも十分に考えられる。その際に，退職した後に支給される年金は子育てを考えるうえで重要なものであろう。また，一家の稼ぎ手が障害を負って働くことができなくなった場合に支給される障害年金，一家の稼ぎ手が無くなってしまった場合に支給される遺族年金などもあり，様々な角度から社会保障制度は家族の生活，子育てを支えているものと言えるだろう。

　さて，このような社会保障制度は，人々から徴収される税金や社会保険料を財源として運営されているが，主に現役世代から徴収されるものが多い。消費税は全世代から徴収されるものであるが，所得税は主に給与所得など現役世代の稼ぐ所得を中心に課税されているものである。

　また，社会保険料については，介護保険などのように高齢者が負担する保険料もあるが，年金の保険料などをはじめとして現役世代が多くの部分を負担している。そして，それをここで説明する理由は，出生率との関連があるからである。出生率の指標としてよく用いられるものに，合計特殊出生率というもの

がある。これは女性が一生のうちに生む子ども数と定義されるものである。この合計特殊出生率が近年は低迷しており、いわゆる少子化と言われる状況が発生している（**図1**）。

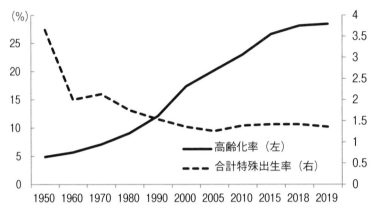

出所：内閣府『令和2年版高齢社会白書』，厚生労働省「人口動態統計」より著者作成

図1 **高齢化率と合計特殊出生率の推移**

　少子化が進むと何が問題なのだろうか。それは財源の調達に懸念が出てきて、社会保障制度の持続可能性が危ぶまれるからである。子ども数の低下は将来における現役世代の人口サイズの減少を意味する。となると、税収や社会保険料収入を十分に得ることができなくなるといった問題が出てきて、様々な給付を行う社会保障制度を維持できないことになる。そのような状況を回避するため、少子化を阻止するということが必要なのである。

2 │ 出生率の決定要因

　そもそも、子ども数はどういう要因によって決定されるのであろうか。先行研究を踏まえながら様々な観点から説明してみたい。

① 子どもを持つことの選好
　現代においては、様々な家族の形態が出てきているように思われる。結婚し

て子どもを持つことだけが家族の形態ではなく，結婚しても子どもを持たない，
またはそもそも結婚をしないといったことを選択する世帯もあろう。子育ては
時間だけでなく金銭的な負担も大きい。子どもを持つことのうれしさ以上にこ
のような負担を大きいと感じれば，子どもを育てるという選択肢を選ばないだ
ろう。老年期における生活保障のために子どもを持つという動機（老年期は子
どもからの所得移転を期待する，すなわち，子どもを投資財として考える）は，
社会保障の充実に伴い，薄れていったものと考えられる。また，高齢化により
人生の期間が長くなり，自らの人生における消費行動に重きをおき，子育てを
相対的に重視しないことで子ども数が低下することがYakita（2001）では示さ
れている。

②　子育ての費用

　子育ての費用としては，様々なものが考えられる。例えば，子どもを育てる
ための生活費だけでなく，保育サービスや教育支出なども考えられる。これら
の費用が大きい場合，子ども数を少なくすることで支出を抑えるといったこと
も考えられるだろう。また，子育てをするために働くのを中断しなければなら
ない場合，働いていれば得られたであろう賃金を子育てのために放棄すること
になる（これを機会費用という）。これも子育ての費用と考えられる。子育て
のために中断しなければならない労働により失われる機会費用が大きいほど，
より子どもを持とうとしなくなると考えられる。

　また，自分の親（子どもから見れば親の親で祖父母）に子どもの面倒を見て
もらう場合はこのような子育てのための労働の中断を考える必要もないかもし
れない。しかし，核家族化の進行で，遠くに自分の親が住んでいてすぐに子育
てのために来てもらうのが難しいという状況の家庭が多くなれば，やはり少子
化は進むだろう。

　そして，機会費用の観点から出生率の決定について説明したが，出生行動と
関連して，女性労働参加率と出生率の関係について分析をした研究が存在する。
Sleebos（2003）により示されたデータによれば，先進諸国における女性労働参
加率と出生率は負の関係だったものが正の関係に変わったのである（図 2 参照）。

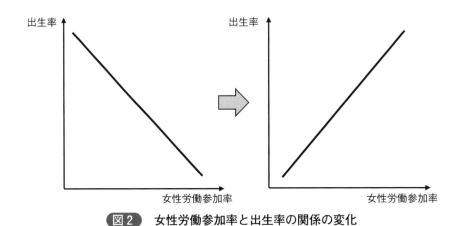

図2　**女性労働参加率と出生率の関係の変化**

　Galor and Weil（1996）は，女性労働参加率と出生率が負の関係になること
をモデル分析により示した。これは賃金水準が上昇することにより女性労働参
加率は上昇するものの，その代わりに，子育てに時間を費やすことの機会費用
が高くなるため，子育てに時間を割かない，すなわち，子ども数が減るという
ことを示している。この場合，たとえ賃金水準が上昇して世帯所得が増えたと
しても，賃金水準の上昇は育児の機会費用を増加させるために，育児時間を減
らして労働時間にあてることで子ども数が減ることとなる。
　一方でApps and Rees（2004）は，女性労働参加率と出生率が正の関係にな
ることをモデル分析により示した。Galor and Weil（1996）とは異なり，Apps
and Rees（2004）では，子育てのためには育児のための時間だけでなく，保育
サービスを利用できる状況を考えている。育児時間を使わずに育児を行えるこ
とで育児の機会費用が発生しないことになる。すなわち，賃金率の上昇は世帯
所得の上昇をもたらす一方で機会費用の増加をもたらさない。したがって，所
得増を通じて子育て支出に余裕が生まれることで子ども数を増やすことになる。
これらの研究から，保育サービスを利用できるようになることで，賃金水準と
出生率の関係は負から正へ，同様に女性労働参加率と出生率の関係も同様に負
から正へ変わったことを示している。
　また，出生率の決定については，教育投資の水準と併わせてよく考察される。

例えば，親が子ども数と子どもへの教育投資を決める場合，所得水準が低い状況では，子ども数を多くする一方で，子どもへの教育投資を少なくするといった行動をとる。これは，所得水準が低い場合，時間を使った子育ては機会費用が小さいためである。一方で，子ども1人当たりの教育投資は時間を使った子育てよりも相対的に費用が高いことになる。したがって，子どもへの教育投資は低水準となる。

　一方で，所得水準が高い場合では，時間を使った子育ては機会費用が大きくなる。この場合，相対的に教育投資の費用は安くなるため，子どもの数を抑える代わりに子どもの質としての教育投資を多く行うことになる。このようにして，所得水準が高くなると出生率が低下するという結果を説明することができる。これは，経済学で子どもの数と質のトレードオフと言われるものである。

③　世帯所得

　世帯所得の水準は子育てのための支出を決める重要な要素の1つと考えられる。世帯所得が大きいほど，支出のための余裕ができるため，保育サービスへの支出や教育支出に対して十分支出をすることができる。これは，子育てにおいて金銭的な余裕ができ，子ども数を増やす方向に働くと考えられる。

　ただし，働いて所得を得ることで子育てを中断しなければならない場合，②で説明したように，賃金水準の上昇は，世帯所得を引き上げて子ども数を引き上げる効果を持つ一方で，子育ての機会費用を引き上げるため，子ども数を引き下げる効果を持つこととなる[1]。

④　育児支援政策

　子ども数と児童手当の関係については小塩（2001），van Groezen, Leers and Meijdam（2003），van Groezen and Meijdam（2008）などの研究がある。子どもを1人育てるためにかかる費用は，子どもの価格と呼べるものであるが，子ども数に比例的に与える児童手当は子どもの価格を引き下げる効果があり，子ども数を引き上げる効果を持つ。なお，Wigger（1999）のように，年金給付が自分の子ども数に対応して増えるようになっている場合，子ども数を増やすインセンティブを与えて，児童手当のように子ども数が増えることを示してい

る。

　そして，子どもへの教育投資を考慮したうえでの政策分析の論文として
Zhang（1997）などがある。児童手当のように子どもの数に比例的に給付を行
う仕組みは子ども数を引き上げるが，教育投資の費用が相対的に割高になるた
めに，教育投資を減らすという結果が得られている。一方で，教育投資に対し
て比例的に給付を行う教育補助政策は，教育投資を促進するものの，割高と
なった子ども数を減らすといった行動を引き起こすことを示している。

3 不確実性と出生行動

　前節で示したように，子ども数の決定については様々な要因があるものの，
まだ十分に検討されていない要因がある。それは所得の不確実性である。特に
2020年における新型コロナウイルス感染拡大により世界中は極度の混乱に陥っ
た。日本も例外ではなく，緊急事態宣言などの発出により外食産業や旅行産業
は大きな打撃を受けた（**図3**）。

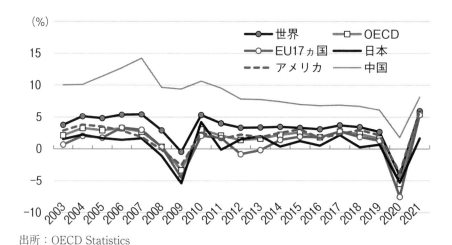

出所：OECD Statistics

図3　**各国の経済成長率**

　経済状況が不透明な中で所得の不確実性は高まってきていると考えられる。

Yasuoka（2021）では，所得の不確実性が人々の出生行動に与える影響につい
て，理論モデルに基づいて分析を行った。本章では，そこで得られた主な結果
を，モデルを用いずにわかりやすく説明してみたい。

　経済学では，将来の不測の事態に備えた貯蓄を「予備的貯蓄」と呼ぶ。所得
を恒常的に得られることが確定的に分かる状況では，予備的貯蓄の動機はあま
り大きくないだろう。しかし，将来の不確実性が高まる状況においては，貯蓄
がなくて生活を送ることができなくなると困るため，予備的貯蓄の動機が高ま
り，将来に対する備えとしての貯蓄は増えることとなる。将来に対する備えと
しての貯蓄を増やすために，今の消費支出を減らすとか，今の労働時間をより
多くするといったことが考えられるだろう。

　実は，新型コロナウイルス感染拡大により雇用情勢が不透明な中，将来得ら
れる所得の不確実性が存在するために，それが出生行動を抑えるといったこと
が指摘されている[2]。将来に対する備えとして貯蓄をするということは，今の
支出を減らすということである。子育て世代が支出を抑えるということは，子
育てへの支出を減らす，そして，子ども数を減らすことにつながり得るのである。

　理論的・実証的研究でも，不確実性の増大は予備的貯蓄動機を高めることが
示されている（例えば，村田（2003），森川（2017）など）。実際，平成30年版
高齢社会白書では貯蓄の動機に関し，最も高い割合の回答として，将来におけ
る不測の事態への備えが挙げられている。社会保障制度が将来の支出を十分カ
バーしうる仕組みであれば，そもそも将来の備えとしての予備的貯蓄など理論
的には必要ない。しかし実際はそのような備えのための貯蓄をしていることか
ら，社会保障制度による給付が不確実性への備えを不要とするほど十分なもの
でないことがわかるだろう。

　将来における所得の不確実性は様々挙げられる。その中で社会保障制度の不
確実性は重要な論点と思われる。年金制度の改革はどのようなタイミングで行
われるかは分からない。将来において年金制度に大きな改革が行われて，十分
な年金がもらえないと人々は考えるかもしれない。それならば，やはり，今の
うちに貯蓄をして，年金制度改革により給付が減ってしまったとしてもそれに
対応できるだけの貯蓄をしておこうということになる。そもそも，少子化で年
金制度が危ないといった声も聞かれる中で，年金制度自体が非常に不確実であ

ると考えている人も多いであろう。

　以下のサブセクションでは不確実性に焦点を当てたテーマとして，「不確実性と出生行動」，「高齢期の不確実性と出生行動」について説明を行う。前者は元々，不確実性が出生行動にどのような影響を与えるのかを説明するものに対し，後者は，近年の高齢労働者数が増えている現実を踏まえて，そのような現実が「出生行動と不確実性」というテーマにどのように関連するのかについて説明を行う。

3.1　不確実性と出生行動

　なぜ不確実性の存在が子ども数を減少させる可能性があるのか。簡単な2期間モデルで考えてみよう。まず1期目は賃金を得て，それを子育て支出と消費支出に充てるか，将来の備えとしての貯蓄に充てるとする。2期目はまた賃金をもらうが，それを消費支出に充てるとする。この場合，1期目の賃金は今稼いでいる水準であるので確定的に把握できるのであるが，2期目はどうなっているかわからない。景気の状況によってはそのまま仕事をしているだろうし，失業しているかもしれない。

　この場合，将来いくら稼ぐのかを確率的に計算して，将来のための貯蓄の大きさを個人は決めることとなる。高い確率で高い賃金をもらえると考える個人ならば，備えとしての貯蓄をそれほど多くしようとは思わないだろう。しかし，高い確率で失業となってしまうと考える個人の場合は，そうはいかないだろう。失業となってしまった場合は，将来の消費支出のための資金をどこかで用意しなければならない。そのためにはやはり，1期目の消費支出や子育て支出を抑えて，貯蓄を多めにして，2期目の消費支出に充てようと考えるだろう。この結果として，子ども数を減らすことで子育て支出を抑制するということが考えられる。不確実性が少子化をもたらすというロジックはこのように説明されるのである。

　この不確実性に対する政策対応により，少子化をもたらすという経路を打ち切ることができる。例えば，2つの状態を考えよう。ある確率で1期目と同じ賃金が2期目にも得られるとする。しかし，ある確率で職を失い，得られる賃

金はゼロとなってしまうとする。この場合，1期目においては将来稼ぐ賃金が
ゼロになってしまう場合に備えて，貯蓄を行うであろう。しかし，失業状態に
おいても社会保障制度から給付が得られるのであれば，その分，貯蓄をする必
要がないと考え，貯蓄を減らそうと考えるだろう。その結果として，1期目の
消費支出や子育て支出を増やすと考えるだろう。すなわち，子育て支出を増や
そうと個人が考えることを通じて，子ども数を増やすことにつながると考えら
れる。

　このように不確実性が存在する状態において，悪い状態（例では失業状態）
に陥ったとしても，良い状態（例では仕事を得ている状態）と比べてあまり所
得の変動が大きくなければ，貯蓄を増やそうといった動機も起きないために，
それが子ども数を増やす効果を持つものと考えられる。極端なことを言えば，
失業に伴う給付が十分多く，働いている人と同じだけの給付が得られる場合は，
失業するかどうかはわからないという不確実性は存在するものの，失業しても
しなくても同じ所得水準になるので，所得の観点からの不確実性はないという
ことになる。[3]したがって，所得が少なくなる失業状態に備えて貯蓄を増やし
て，子ども数を減らすという経路は存在せず，所得の不確実性の不存在が子ど
も数を引き上げる効果を持つということになる。

　このような失業の給付により出生率が引き上げられるのは不確実性が存在し
ている場合であって，不確実性が存在しない場合ではそのような効果は存在し
ないものと考えられる。例えば，2期目において，職を失うことなく賃金を得
ている人に対して失業のための給付の財源として税金を取るとする。この場合，
生涯における可処分所得は減少し，それは子育て支出を減らさざるを得ず，そ
れが子ども数の減少をもたらす効果があるだろう。一方で，失業している人は
給付を得られるので，それは子ども数の増加をもたらす効果があるだろう。個
人間でこのような相反する効果が不確実性のない世界では起きうるために，失
業の際の給付といった所得移転政策による出生率を引き上げる効果は限定的で
あると言えるだろう。

　一方で不確実性がある世界では，すべての人が失業状態を考慮して貯蓄を増
やすが，失業状態における所得の落ち込みが給付によりカバーされることをす
べての人が考えるので，備えとしての貯蓄を減らし，子育て支出を増やそうと

することを通じて，すべての人にとって子ども数を増やす効果をもたらすものと言える。このような不確実性が存在する世界において，所得移転政策は出生率に影響を与えることとなる。

　所得移転政策と同時にマクロ経済政策も重要である。将来景気が悪くなると予想される場合に，様々な政策を打ち出して景気を浮揚させる政策，また景気が良くなるという意味合いを持たせるような政策を行い，将来における所得の不確実性を払拭する政策も重要であろう。しかし実はこのような政策は難しいのかもしれない。結局は個人の予想による部分も大きいからである。所得の不確実性を払拭するようなアナウンスメントを政策当局が行ったとしても，将来の不確実性についてかなり慎重に判断する個人としては，やはり将来に対する不確実性への備えをするであろう。その結果として，現在における消費支出や子ども数を減らすことを通じて子育て費用を抑えることになる。

3.2　高齢期の不確実性と出生行動

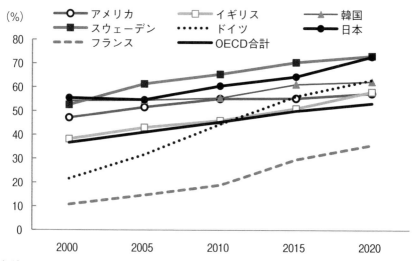

出所：OECD Statisticsより筆者作成

図4　60歳以上64歳以下の労働参加率

　近年，老年期における就労も一般的になってきている。定年の年齢はかつて60歳であったが，その年齢を超えて働く人は増えてきている（**図 4**）。

　高齢期に稼ぐのが一般的になってきた場合に，その高齢期に得る所得の不確実性も考慮して，貯蓄を決めなければならないといったことが考えられるだろう。老年期は特に健康状態もあるだろうし，景気の状況もあるだろうから，所得の不確実性に満ちた状況である。そのような不確実性に対処するため，もしもの時のための貯蓄をやはり現役世代において行うということを考えるのは自然であろう。

　Mizuno and Yakita（2013）は高齢者の労働参加率と出生率の関係について正の関係であることを示している。高齢者の労働参加率が高まるということは，高齢者で働いて所得を得る人が多くなっていることを意味するが，高齢期に所得を得ることで，生涯に得られる生涯所得は増加するため，それが子育て支出の余裕をもたらし，その結果，子ども数が増えるというロジックである。ただし，この結果は不確実性を考慮していない。

　老年期における政策が出生率にどのような影響を与えるかを考えるために，生涯所得が出生率に影響を与えることに着目したい。生涯所得が増える方法として，年金給付を増やすという方法があるだろう。逆に年金給付に不確実性があるならば，将来の所得が十分得られないと考えて，若年期に老年期のための貯蓄を増やして，その結果，若年期の消費支出や子育て支出を抑える，それは子ども数の低下につながると考えられるだろう。年金給付の不確実性は様々な要因によってもたらされると考えられる。

　例えば，マクロ経済スライド制といったような年金財政の観点から，給付が抑えられるというものがある。また，積立金の運用が成功するか失敗するかもわからない。特に私的年金である確定拠出年金は運用成績によって給付金額が変わってくるため，不確実性の大きい年金であると言えるだろう。[4]もらえる年金が減るかもしれないという状況に対応するため，将来のために貯蓄を増やす，または将来働くことを想定して，貯蓄を決めるということも考えられるだろう。

　また，老年期に稼ぐ所得も 2 期間モデルと同じような不確実性に直面していると言えるだろう。ここで注目したいのは，老年期に得られる所得が結果とし

て大きい場合である。例えば，失業すると思っても失業せずに多くの所得を得ることができた場合，年金の運用に失敗すると思っていたが，結果的に運用に成功し多くの年金給付を得られるような場合，である。

あらかじめそのような状況が分かっているのであれば，貯蓄を減らして，子どもを増やし子育て支出を増やすといったことが考えられるが，将来の状況は将来にならなければ分からない。そして，一度過ぎてしまった時間は元には戻らない。たとえ，実際の老年期において多くの所得を得られる状況になったとしても，若い時に戻って子ども数を増やして子育て支出を増やすということは不可能である。

このように生涯所得がたとえ結果的に多くなったとしても事前の段階で生涯所得が多くなるということが確定的に分からなければ，それは出生率の増加に向かわないのである。この点は，不確実性を考慮することによって導出される結論であり，不確実性がない世界では得られない結論である。

4 ｜ まとめ

経済学の理論モデルが示唆するのは，不確実性は出生率を低下させる可能性である。将来の所得に関する不確実性は，予備的貯蓄の増加と子育てのための支出の減少をもたらし，出生率を低下させると考えられる。したがって，人々の予備的貯蓄動機を低下させるような政策は，出生率を上昇させる効果を持つ可能性がある。

そのような政策のひとつとして，失業給付の引き上げがある。不確実性が存在しないモデルでは，失業給付の引き上げは，失業しない個人にとっては何ら影響を与えないため，失業しない個人の出生率には影響しないと考えられるが，不確実性が存在する場合，失業給付が増えると，失業に備えるための予備的貯蓄動機が低下し，子育てのために支出を増やすことができるため，出生率の増加が期待されるのである。ここで主張したいことは，結果的に失業状態にならなかった個人にとっても，失業給付の引き上げによって，その失業給付を受け取ることがないとしても，その個人の出生率は増えるということである。

高齢期の労働供給は年金制度と関連づけられることが多いが，出生率にも影

響を与える。高齢期の賃金が高いと，高齢者は労働供給を続けると考えられる。しかし，労働供給に関する不確実性が高い場合，高齢期に期待される労働所得が低いと考え，高齢期の生活のための予備的貯蓄を増やすだろう。人々が，生涯にわたる所得が高かったことを，高齢になって事後的に知ることになったとしても，出生に関する意思決定は若年期に行うことになるため，出生数を増やすことはできないだろう。

　生涯にわたる不確実性を明示的に考慮したモデルでは，出生率は，児童手当などの子育て支援だけでなく，年金などの高齢者の生活を保障する社会保障政策によっても影響を受けることが示唆される。少子化問題の緩和を高める政策としては，児童手当などだけでなく，将来の所得の不確実性を減らす失業給付なども効果的であると考えられる。

　将来に関する不確実性が高くなると，将来の所得に対する不安から予備的貯蓄を増やし，出生を控える行動は実際にも観察されている。少子化の問題を改善するためには，出産の意思決定を行う人々に，将来の所得への不安を低減させるような政策を充実させることが重要と考えられる。

　最後に付け加えておきたいことは，本章では所得の不確実性を中心に説明し，将来における所得の変動というリスクが出生行動にどのような影響を与えるかについての考察であったということである。しかしながら，子育てにおける不確実性，リスクは様々存在する。本章では所得という観点で説明したが，第 8章で示すように，子育て費用そのもののリスクや子育ての方法そのものがよく分からないという意味でのリスクも考えられる。

　本章でも説明したように，所得の不確実性が出生率を低下させるという結果に対する政策としては，リスクプールする仕組みを設けることで対応することが望ましいことを説明した。本章ではリスクプールする仕組みとして，みんなでお金を出し合って，失業した人にそのお金を給付する仕組みを考えた。そのようなリスクプール効果は，結果的に失業状態になってしまった個人の厚生を引き上げるだけでなく，結果的に失業状態にならなかった個人の厚生を引き上げることとなり，予備的貯蓄の減少を通じて出生率を引き上げる。

　では，子育ての費用や子育てそのものに対するリスクはどう考えれば良いだろうか。詳細は第 8章でご確認頂きたいと考えているが，例えば，子育て費用

については，公的な補助を増やして，子どもがどのような状況になったとして
も金銭的にかかる負担は一定であるような状況を作ることによって，金銭的な
不確実性を減らすことは可能であろう。例えば，子どもが病気をする場合や子
どもの進路などを考えた場合，状況によってはかなり負担額も異なってくるだ
ろう。子どもの進路を考えた場合，子どもは大学まで進むのか，または国公立
大学か私立大学かを考えるだけでも子どもの教育費用は進路によって大きく変
わってくるだろう。これに対しては，高等教育の就学支援という仕組みでの補
助が始まっている。また，子どもの医療費については，公的医療保険でもある
程度カバーされているし，また，自治体による独自給付もある。これらの政策
は，子育て世帯の負担を軽減する政策であると同時に，子育てに伴う不確実性
を減らし，出生率を引き上げる役割を持っているとも言えるだろう。

| 注 |

1　OECD（2019）は，所得と出生率の関係は所得水準により異なることを示してい
　る。

2　日本経済新聞2020年8月21日「コロナ不安，出生数に影響も日米で1割減予測」
　参照。

3　いうまでもなく，所得の観点からは不確実性はないということであり，実際は
　就労して所得を得る場合と失業に伴う給付の場合は大きく異なっている。例えば，
　失業に伴う給付の場合，ハローワークなどでの求職活動が必要となる。その求職
　活動にかかる時間も必要であり，余暇を削らなければならないということにもな
　るだろう。就労の場合はもちろん，余暇を削ることで就労時間に充てる。したがっ
　て，失業状態でも就労状態でも単に所得を得るという訳ではないのである。この
　ような問題を捨象して，失業に伴う給付と就労による所得だけを比べれば，「所
　得」だけの観点で見て不確実性がないということである。

4　公的年金も積立金についてはGPIF（年金積立金管理運用独立行政法人）による
　運用が行われている。この公的年金の積立金については，安全資産だけでなく，
　株式や外国為替などある程度の値動きが発生する資産についても積極的に投資が
　行われており，運用成績が悪くなれば公的年金の給付についても削減の可能性は
　ある。そう考えると，私的年金だけでなく公的年金も不確実性が存在していると
　いうことになる。

| 参考文献 |

小塩隆士（2001）「育児支援・年金改革と出生率」『季刊社会保障研究』36巻 4 号，
　　535-546頁.

厚生労働省「人口動態統計」
　　https://www.mhlw.go.jp/toukei/list/81-1a.html（2021年 2 月14日参照）

内閣府（2020）『各年版高齢社会白書』
　　https://www8.cao.go.jp/kourei/whitepaper/index-w.html（2021年 2 月14日参照）

日本経済新聞 2020年 8 月21日「コロナ不安，出生数に影響も 日米で 1 割減予測」
　　https://www.nikkei.com/article/DGXMZO62894780R20C20A 8 EA4000/（2021年
　　2 月14日参照）

村田啓子（2003）「ミクロ・データによる家計行動分析：将来不安と予備的貯蓄」『金
　　融研究』22巻 3 号，23-58頁.

森川正之（2017）「政策の不確実性と消費・貯蓄行動」RIETI Discussion Paper Series
　　17-J-007.

Apps, P. and R. Rees（2004）"Fertility, Taxation and Family Policy," *Scandinavian
　　Journal of Economics*, vol. 106(4), pp. 745-763.

Galor, O. and D. N. Weil（1996）"The Gender Gap, Fertility, and Growth," *American
　　Economic Review*, 86(3), pp. 374-387.

Mizuno, M. and A. Yakita（2013）"Elderly labor supply and fertility decisions in
　　aging-population economies," *Economics Letters*, 121(3), pp. 395-399.

OECD（2019）*Rejuvenating Korea: Policies for A Changing Society.*
　　https://www.oecd.org/korea/rejuvenating-korea-policies-for-a-changing-society-
　　c5eed747-en.htm

OECD Statistics. https://stats.oecd.org/（2022年 6 月30日参照）

Sleebos, J.（2003）"Low Fertility Rates in OECD Countries: Facts and Policy
　　Responses," OECD Labour Market and Social Policy Occasional Papers, no. 15,
　　OECD Publishing, Paris.

van Groezen, B., T. Leers and L. Meijdam（2003）"Social Security and Endogenous
　　Fertility: Pensions and Child Allowances as Siamese Twins," *Journal of Public
　　Economics*, 87(2), pp. 233-251.

van Groezen, B. and L. Meijdam（2008）"Growing old and staying young: population
　　policy in an ageing closed economy," *Journal of Population Economics*, 21(3),
　　pp. 573-588.

Wigger, B. U.（1999）"Pay-As-You-Go Financed Public Pensions in A Model of

Endogenous Growth and Fertility," *Journal of Population Economics*, 12(4), pp. 625-640.

Yakita, A.(2001) "Uncertain Lifetime, Fertility and Social Security," *Journal of Population Economics*, 14(4), pp. 635-640.

Yasuoka, M.(2021) "Endogenous Fertility and Social Security,"『経済分析』202号, 201-219.

Zhang, J.(1997) "Fertility, Growth, and Public Investments in Children," *Canadian Journal of Economics*, 30(4), pp. 835-843.

第**8**章

出産・育児のリスクと支援ネットワーク

山重 慎二[1]

1 はじめに

　人々が出産・育児に抱く不安は，少子化の原因や対策を考えるうえで重要な要因との指摘は多い。第7章の基礎となる Yasuoka（2021）は，将来所得の不確実性が出生率を低下させるメカニズムを理論的に明らかにし，子育て世帯の将来所得への不安を緩和する政策が，有効な少子化対策となる可能性を示唆した。しかし，子育て世帯が抱く不安は，将来所得に関するものだけではない。

　すべての人にとって，自分の子どもを育てることは初めての経験であり，子育てに関する知識や経験の不足は，出産・育児への不安につながる。かつては，子育て経験のある親や祖父母が，そのような不安を緩和する役割を担っていたが，核家族化が進み，身近に子育てを支援してくれる人がいないことも多くなっている。そのような子育て世帯にとって，保育所は育児の不安を軽減する強い味方になる。したがって，その質と量の充実は，子育てへの不安軽減を通じても，出生数の増加に寄与すると考えられる。しかし，保育所を利用できない人も多い。

　様々な不確実性に対して，人類はネットワークを形成することで，リスクを緩和してきた。子育てに関しても，コミュニティ内での共同養育を通じて，様々なリスクへの対応が行われてきた。第4章で分析が行われた祖父母もそのようなコミュニティの一部と考えられるが，例えば「ママ友」と呼ばれる母親ネットワークもまた，子育ての不安の緩和に一定の役割を果たしてきたと考えられる。

　しかし，核家族化に加えて，地域内のつながりも低下してきた。そこで，子育て世帯に少しでも安心して子どもを産み育ててもらえるように，地域での子育て支援の強化に取り組む少子化対策が日本各地で行われている。

　本章では，新潟県の少子化対策モデル事業の中で行われた「地域での子育て支援事業[2]」のデータ分析に基づいて，(1)出産・育児の不安は出産を躊躇させる一因であること，(2)「地域での子育て支援事業」はそのような出産・育児の不安を軽減することで出生意欲を高める可能性があることを明らかにする。そして，ヒアリング調査による事例分析に基づいて，(3)子育て支援に取り組む民間団体の支援，認定制度の導入，認定団体間のネットワーク形成を促す政策は，地域のソーシャル・キャピタル（社会関係資本）の蓄積を促し，少ない財政支出で，出生率を向上させる「効果的な子育て支援」となりうることを示唆する。

　「地域での子育て支援」に取り組む団体による利用者アンケートの分析および団体へのヒアリング調査から見えてきたのは，出産・育児に関する不安が，確かに出生を抑制する一因となっていることであった。非都市的な地域では，血縁や地縁に基づく伝統的なネットワーク（学校の同級生のネットワーク等も含む）が残っており，出産・育児への不安は，そのような伝統的ネットワークの存在によって軽減されることが多い。しかし，そのようなネットワークが弱体化している場合，出産・育児への不安は高水準にとどまり，出産意欲を低下させる一因になる。

　出産・育児に関する不安の観点から出生行動を分析した経済学的な研究はそれほど多くない。本章では，「信頼に基づく人々のネットワーク」を表すソーシャル・キャピタルが人々のリスクを緩和する機能を持つことに注目し，ソーシャル・キャピタルと出生に関する既存研究に新しい光を当てるとともに，地域での子育て支援が出生やソーシャル・キャピタルの蓄積に与える影響に関する理論的・実証的研究の発展の可能性を示唆する。

　以下では，まず第2節で，出産・育児に関する不安が出生に与える影響を理論的に考察する。その考察を踏まえ，第3節ではアンケート調査に基づくデータ分析，第4節では子育て支援団体へのヒアリング調査に基づく事例研究の結果を紹介する。第5節はまとめである。

2 地域での子育て支援の効果：理論的考察

　少子化の原因に関する経済学的考察で，これまで強調されることが多かったのは，女性の高学歴化に伴う「子育ての機会費用（賃金）の上昇」や，市場や社会保障の充実に伴う「子どもを持つことの投資的動機の低下」であった[3]。しかし，地域での子育て支援の効果の調査・分析を通じて明らかになってきたのは，出産・育児期の夫婦，特に女性が抱く出産・育児への不安が，少子化の重要な要因となっていることであった。

　出産・育児への不安は，一般論として議論されることはあったが，経済学的な分析が行われることはあまりなかった[4]。しかしよく考えると，経済学的な観点からは，子どもを持つことは投資的行為であり，不確実性を明示的に考慮した分析を行うことが自然である。むしろ，それを明示的に考慮した分析があまり存在しないことが，不思議なほどである。

2.1 出産・育児のリスクと出産の意思決定

　出産・育児に関わる不確実性としては，様々なものが考えられる。第 7 章では「子育てに必要な所得の不足に起因するリスク」に注目した分析が紹介されたが，「子育てのために必要な時間や知識の不足に起因するリスク」も重要である。

　一人の子どもを産み育てるには，多額の費用が伴うことはよく知られている（内閣府 2005, 図表30および図表31）。子どもをもう一人産み育てるか否かを考える際に，そのような多額の費用を賄う所得を将来獲得できるだろうかという不安を抱いたとしても不思議ではない。出産・育児に必要な支出を賄う所得が得られないならば，将来所得の不確実性はリスクとなる。そのような金銭的なリスクに関しては第 7 章で考察され，将来所得の不確実性の緩和が効果的な子育て支援策となる可能性が示唆された。

　一方，「子育てに必要な時間や知識の不足に起因するリスク」としては，以下のような例が想定される。私たちは，子どもを持つ前には，そもそも子育て

にどれだけの時間が必要とされるかわからない。経験者に教えてもらうことで，その不確実性は低くなると考えられるが，他人の経験が自分に当てはまるとは限らない。生まれる子どもは，一人ひとり異なる。病弱な体質かもしれない。障がいを持って生まれるかもしれない。その場合，子育てに要する時間は想定していたよりも大きくなるだろう。

　子どもが病気になったとき，どう対応したらよいのだろうか。子育てのための知識や時間が十分あれば，そのような不確実性は大きなリスクとは感じられないかもしれない。しかし，知識が不足していたり，子どもが病気のときに仕事を休むことが難しい場合，その不確実性は大きなリスクと認知されるだろう。このように出産・育児には，大きな不安が伴う。

　個人が直面するリスクが大きくなるほど，リスク・プレミアムが大きくなるため，子どもを持つことからの期待限界純便益は低下し，最適と感じる子ども数は減少すると考えられる[5]。出産・育児に関する不安は人によって異なるため，最適な子ども数も異なってくるという理論的認識は重要である。経済学では，子ども数に関する意思決定の個人差は，子ども好きか否かといった選好や（子育ての機会費用と考えられる）賃金率の違いで説明されてきたが，出産・育児に関するリスクやリスク選好の違いによっても説明できるようになるからである。例えば，何らかの手段を使ってリスクを減らすことができる人，あるいはリスク回避度が低い人は，より多くの子どもを持つという可能性を明示的に考慮できるようになる。

2.2　出産・育児のリスクとソーシャル・キャピタル

　さて，ここで，出産・育児の費用を賄うための所得の不確実性と，子育てのための時間の不確実性を減少させる要因について考えてみる。リスクへの代表的な備えは保険である。子育てには多額の金銭的費用が発生するため，子どもが生まれたときの費用を賄う保険への需要は存在する。しかし，それは一般に市場では提供されていない。

　歴史的には，出産・育児への不安を緩和する方法として，人々は共助のネットワークを有していた。親，親戚，友人，近所の人などから金銭的・非金銭的

支援を受けながら，子育てのお金が不足するリスク，そして子育ての時間や知識が不足するリスクに備えてきた[6]。経済学でも，コミュニティにおける共助を通じて，リスクを緩和する取り組みは，村経済（Village Economy）の研究を通して注目されてきた[7]。

　このような共助のネットワークの重要性は，近年，社会科学では，「信頼に基づく人々のネットワーク」と定義されるソーシャル・キャピタル（社会関係資本）の概念で説明されるようになってきた。ソーシャル・キャピタルが出生行動にプラスの影響を与えることは，これまで数多くの文献で示されてきたが，そのメカニズムは，必ずしも明確ではなかった。経済学的な観点からは，ソーシャル・キャピタルは，出産・育児のリスクを低減させ，子どもを持つことの期待純便益を引き上げることで，出産を促すと説明できる[8]（ソーシャル・キャピタルに関する経済学的研究については，山重（2013, 第 7 章）を参照）。

　ソーシャル・キャピタルが出生行動に与えるプラスの影響については，日本でも内閣府（2003）などによってその存在が明らかにされてきた。さらに，その後の研究（滋賀大学・内閣府経済社会総合研究所 2016）では，市町村レベ

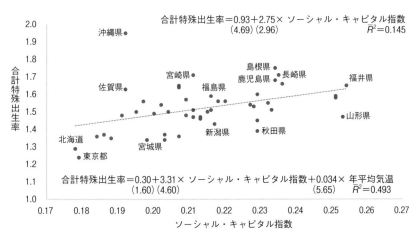

出所：国立社会保障・人口問題研究所（2018），滋賀大学・内閣府経済社会総合研究所（2016）のデータに基づき筆者作成（回帰式の括弧内は t 値，$\bar{R}^2$ は自由度修正済み決定係数）

図1　ソーシャル・キャピタルと合計特殊出生率

ルのデータを用いて，ソーシャル・キャピタル指数と出生率の間に正の相関関係が存在することが示された。そこでは，都道府県データを用いた回帰分析は行われていなかったが，実際に行ってみると，**図1**のように，正の関係が存在することがわかる[9]。

3 | 地域での子育て支援の効果：計量分析

　前節の理論的考察を踏まえて，新潟県で実施された「地域での子育て支援」への補助事業から見えてくることに関する計量分析の結果を紹介する[10]。新潟県で，補助対象となった「地域での子育て支援」に取り組む団体は，様々な子育て支援活動を行っている。補助対象団体として，12団体が選抜されたが，その活動は，例えば助産師が母親の不安を緩和する取り組み，特定NPO法人が出産後のお母さんの相談に乗ってあげる取り組み，お母さんと子どもが一緒に身体を動かして親子の絆を強めるとともに母親同士の交流の機会を作る取り組み，父親が楽しみながら子育ての力を高めていけるような取り組みなど，子育て中の夫婦の精神的負担を軽減するような事業が多い。

　このような「地域での子育て支援事業」のサービスを利用した後に，県が準備した質問票に回答してもらった。今回特に注目したのが，以下の7つの質問である。利用者には，各問に対して「全く思わない（1点）」，「あまり思わない（2点）」，「やや思う（3点）」，「そう思う（4点）」で回答してもらった[11]。

　（Q1）子育てに対する体力・気力を回復することができた。
　（Q2）子育てへのストレスを減らすことができた。
　（Q3）将来に対する経済的不安も何とかなるかもしれないと思った。
　（Q4）自分の子育てが地域から支えられていると思った。
　（Q5）子どもがいなければできない経験ができた。
　（Q6）このような機会があれば，続けて参加したいと思った。
　（Q7）このような機会があれば，もう一人子どもを育てたい（育てられる）と思った。

　少子化対策モデル事業で，「地域での子育て支援」の効果を評価する際に重視されるのは，それが出生率の上昇につながる取り組みか否かである。そこで，この質問の中の7番目の質問である「このような機会があれば，もう一人子どもを育てたい（育てられる）と思った」への回答に注目した。そして，この質問への回答が大きい（「そう思う」に近い）利用者が，支援サービスに対してどのように感じたかに関する(Q1)～(Q6)の回答との関係を分析した（表1）。

　推計では，(Q7)への回答に影響を与えると考えられる変数として，統計的に有意となった3つの変数「(C1)年齢（母親の年齢層）」，「(C2)子ども数（現在の子ども数)」，「(C3)保育所利用経験なし（ダミー変数)」を制御変数（コントロール変数）として用いた[12]。

　まず，(Q7)への回答を被説明変数とし，(Q1)から(Q6)までのすべての変数を説明変数として推計した結果が推計式A1である。推計では，今回のようなアンケート調査の回帰分析で標準的な順序ロジットモデルを用いた[13]。

表1　分析結果（もう一人子どもを育てられると思った）

(Q7)もう一人育てられるかも	推計式A1		推計式A2		推計式A3	
説明変数	係数	p値	係数	p値	係数	p値
(Q1)体力・気力の回復	0.27	0.014 **	0.60	0.000 ***		
(Q2)ストレスの軽減	0.22	0.040 **			0.60	0.000 ***
(Q3)経済的不安の緩和	0.65	0.000 ***				
(Q4)地域の支え	0.22	0.005 ***	0.44	0.000 ***	0.40	0.000 ***
(Q5)親としての良い経験	0.23	0.018 **	0.20	0.035 **	0.21	0.026 **
(Q6)継続参加希望	0.68	0.000 ***	0.68	0.000 **	0.70	0.000 ***
(C1)年齢	-0.22	0.000 ***	-0.23	0.000 ***	-0.22	0.000 ***
(C2)子ども数	-0.67	0.000 ***	-0.65	0.000 ***	-0.66	0.000 ***
(C3)保育所利用経験なし	0.41	0.000 ***	0.38	0.000 ***	0.32	0.002 ***
予測的中率	49.8%		48.0%		48.1%	
観測値数	1774		1774		1774	

注：***は1％，**は5％，*は10％で，それぞれ統計的に有意であることを示す。

　この推計で，特に高い有意性を示したのが，「(Q3)将来に対する経済的不安も何とかなるかもしれないと思った（経済的不安の緩和)」および「(Q6)この

ような機会があれば，続けて参加したいと思った（継続参加希望）」への回答
であった。それ以外の説明変数では「(Q4)自分の子育てが地域から支えられ
ていると思った（地域の支え）」および「(Q5)子どもがいなければできない経
験ができた（親としての良い経験）」も有意となった。

　まず(Q3)への回答が(Q7)への回答に強い影響を与えるという結果は，子育
てに関する経済的不安の緩和が，もう一人子どもを育てられるという気持ちに
つながる大きな要因であることを示しており，前節の理論的考察と整合的な結
果である。実は，説明変数の間には相関があり，推計においては，多重共線性
の問題が生じている。特に，(Q1)，(Q2)，(Q3)の回答の間に相関があるため，
「(Q3)将来に対する経済的不安も何とかなるかもしれないと思った」という変
数を除き，(Q1)または(Q2)のいずれかを残して推計を行った結果が，推計式
A2および推計式A3の結果である。

　それぞれの推計結果は，「(Q1)子育てに対する体力・気力を回復することが
できた（体力・気力の変化）」や「(Q2)子育てへのストレスを減らすことがで
きた（ストレスの解消）」といった要因が，「もう一人子どもを育てたい（育て
られる）」という気持ちにつながることを示唆している。これらの結果から推
測されたのは，(Q1)や(Q2)の要因は，「(Q3)将来に対する経済的不安も何と
かなるかもしれない」という気持ちを引き起こすことを通じて，「(Q7)もう一
人子どもを育てたい（育てられる）」という気持ちにつながるのではないかと
いうことであった。

　そこで，「(Q3)将来に対する経済的不安も何とかなるかもしれない」という
気持ちに対する回答を被説明変数として，その他の変数で説明することを試み
た。その結果が，**表2**に示されている。

　推計式B1は，(Q3)以外の変数を用いて(Q3)の説明を試みた推計式である。
一方，推計式 B2 および B3 は，(Q1)と(Q2)が高い相関を持っていることに
注目して，(Q2)および(Q1)をそれぞれ説明変数から除いた推計式である。こ
れらの推計式 B1〜B3 は，「子育てに対する体力・気力を回復することができ
た」(Q1)や「子育てへのストレスを減らすことができた」(Q2)という２つの要
因は，おそらく表現の違いで，類似要因として働くことを示唆する。そして，
それらは，「自分の子育てが地域から支えられていると思った」(Q4)という要

表2　分析結果（将来に対する経済的不安も何とかなるかもしれないと思った）

(Q3)経済的不安の緩和	推計式B1		推計式B2		推計式B3	
説明変数	係数	p値	係数	p値	係数	p値
(Q1)体力・気力の回復	0.51	0.000 ***	0.87	0.000 ***		
(Q2)ストレスの軽減	0.58	0.000 ***			0.90	0.000 ***
(Q4)地域の支え	0.80	0.000 ***	0.86	0.000 ***	0.81	0.000 ***
(Q5)親としての良い経験	-0.12	0.240	-0.09	0.350	-0.10	0.332
(Q6)継続参加希望	-0.12	0.358	-0.03	0.781	-0.03	0.874
(C1)年齢	-0.03	0.500	-0.04	0.415	-0.03	0.453
(C2)子ども数	0.02	0.793	0.02	0.752	0.02	0.787
(C3)保育所利用経験なし	-0.09	0.382	-0.06	0.547	-0.13	0.223
予測的中率	45.0%		45.4%		45.1%	
観測値数	1774		1774		1774	

因とともに，「将来に対する経済的不安も何とかなるかもしれない」(Q3)という気持ちを引き起こすことで，「もう一人子どもを育てたい（育てられる）」という気持ちにつながっていると考えられる。

　このような解釈は，「子どもがいなければできない経験ができた」(Q5)という要因は，「もう一人子どもを育てたい（育てられる）」(Q7)という気持ちにはつながるが，「将来に対する経済的不安も何とかなるかもしれない」(Q3)という気持ちにはつながっていないという結果からも，妥当な解釈と考えられる。

　図2は，以上の分析結果を整理した概念図である。今回のアンケート調査の分析からは，もう一人子どもを持ちたいと思う気持ち（出生意欲の向上）は，出産・育児に関する不安の緩和を通じて，そして，子育ての喜びを感じてもらうことを通じて高められることが示唆される。したがって，地域での子育て支

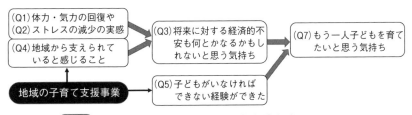

図2　地域での子育て支援が出産意欲を高めるルート

援としては，子育てに伴うストレスを軽減し，体力や気力を回復させるような支援を愛情と共感を持って行うこと，そして子育ての楽しさを感じてもらう取り組みを行うことが効果的と考えられる。

　なお，「もう一人子どもを育てたい（育てられる）」(Q7)という気持ちに強い影響を与えている「このような機会があれば続けて参加したいと思った（継続参加希望）」(Q6)への回答は，受けた子育て支援への満足度を表していると考えられ，満足度が高いほど，「もう一人子どもを育てたい（育てられる）」という気持ちにつながるという結果を表していると考えられる。また，推計に用いた3つの制御変数に関しては，「年齢（母親の年齢層）」(C1)が高いほど，また「子ども数（現在の子ども数）」(C2)が多いほど，「もう一人子どもを育てたい（育てられる）」という気持ちが低下する傾向があるという自然な結果を表している。

　興味深いのは，「保育所利用経験なし」(C3)の母親の方が，地域での子育て支援に参加することで，「もう一人子どもを育てたい（育てられる）」という気持ちにつながる可能性が高いという結果である（**表1**）。保育所を利用した経験のある母親は，保育所を通じて支援を受けられるが，その機会を持たない母親にとって，地域での子育て支援は，「もう一人子どもを育てたい（育てられる）」という気持ちにつながる良い影響を持つことが示唆される。

4 地域での子育て支援の効果：事例研究

　前節では，子育て世帯が「地域の子育て支援団体」（非営利組織など）とつながることで，金銭的な不安は解消しないものの，金銭的不安が緩和するような気持ちを抱くようになり，もう一人子どもを持っても良いと考えるようになる可能性があることが示唆された。「地域での子育て支援団体」を自治体が支援する政策では，その目的が明示されることは少ないが，上記のような効果が一般に期待されていると思われる。本章での理論的考察や計量分析では，そのような政策の理論的根拠を明らかにするとともに，どのような要因が，期待される効果を生み出すことにつながるかを明らかにした。

　実は，ソーシャル・キャピタルの理論では，地域の人や団体のつながりを強

化する政策は，各個人のソーシャル・キャピタルへの投資の純収益を高めることで，さらなるソーシャル・キャピタルへの投資を促し，社会全体のソーシャル・キャピタルの蓄積が累積的に起こる可能性が示唆されている（Glaeser et al.（2002）や山重（2013, 第7章）を参照）。このような「乗数効果」に関する理論的な予測と整合的と考えられるヒアリング調査の結果を，最後に少し紹介しておきたい[14]。

　出産・育児期の夫婦と地域の子育て支援団体のつながりを自治体が支援することで，ソーシャル・キャピタルの累積的な蓄積が起こるのではないかという仮説に関しては，①サービス利用者（子育て世帯）の間での自発的なネットワーク形成，②子育て支援団体とサービス利用者の間のネットワーク形成，③子育て支援団体の間でのネットワーク形成，という3つのルートが考えられる。

　第1の「サービス利用者の間でのネットワーク形成」に関しては，多くの団体からのヒアリングで，その存在を確認できた。一般に「ママ友」と呼ばれるネットワークが，子育て支援事業への参加を通じて形成されるのであれば，結節点となる子育て支援団体を政策的に支援することは，ソーシャル・キャピタルの蓄積，そしてそれを通じた出生意欲の向上という観点から，大きな意義のある政策と考えられる。

　この効果に関しては，複数の子育て支援団体から，利用者としては他市から引っ越してきた夫婦が多いが，それは地元で育った夫婦（特に母親）の場合，小中学校の同級生が「ママ友」として地元に存在しており，そのネットワークを通じて子育ての不安を緩和できているからではないかとの指摘があった。定住性が高い地域では，血縁や地縁に基づく「ボンディング型」のソーシャルキャピタルを有している個人が多い。そのような個人にとって，地域での子育て支援の取り組みを行う団体はあまり大きな意味を持たないかもしれない。しかし，地方都市でも転勤等で移住して来る子育て中の夫婦は少なくない。地域での子育て支援の恩恵を受ける世帯は少なくないと考えられる。

　さらに，小さな町で子育て支援に取り組む団体からは，住民がお互いに顔見知りである場合でも，子育て支援事業を通じて，知り合ったり，仲良くなったりすることは少なくないという話も聞くことができた。同級生のネットワークは比較的強いことが多いが，同じ学校でも年齢が異なると関係はそれほど強く

ない。子どもが同じような年齢であることを通じて，新しいネットワークが形成されることは，顔見知りが多い地域でも期待される。

　第2の「子育て支援団体とサービス利用者の間の長期的なネットワーク形成」としては，子育て中の親が，自分の子育てが一段落した後に，例えばボランティアとして，利用していたサービスの提供を手伝ってくれるようになるケースを想定していた。子育て支援に長く取り組んでいる団体からは，そのようなケースが実際にあることを聞くことができた。

　第3の「子育て支援団体の間でのネットワーク形成」に関しても，ヒアリングを通じて，そのような事例の存在を確認できた。しかし，事前に想定していたほどには団体間のつながりは生まれていなかった。つながりが生まれていたのは，事業の補完性があるような団体の間であった。たとえば，子育ての専門家と知り合い，子育て中の親向けの話を依頼したり，2つのタイプの支援サービスを同じ場所で受けてもらえるように，共同で活動する日時を設けたりするなどの事例を聞くことができた。

　そのような団体間のつながりが生まれるきっかけの一つとなったのが，県が補助対象団体を集めて報告会などを開催する機会であった。子育て支援を行う団体が一同に会する機会は，一般にはそれほどない。しかし，年に一回開催されていた活動報告の機会は，他の団体や活動を知り，連携が生まれるきっかけになっていたようである。ただ，多数の団体が集まるがゆえに，短い時間で協働が可能かどうかを見極めることは難しいのかもしれない。新たなネットワーク形成の事例は，3年間のモデル事業の終了後すぐに実施した今回のヒアリング調査では，予想したほどには多くなかった。

　しかし，上記のような取り組みが何らかの形で続けられるならば，ソーシャル・キャピタルの累積的な蓄積が生まれる可能性は十分あるだろう。財源が限られている非営利団体にとって，他の関連団体とのネットワークは貴重な資産となるものであり，ネットワーク形成意欲は高いと考えられるからである。

　町内会・自治会などの「伝統的なコミュニティ」と密接な協働を行ってきた自治体は多いが，非営利団体などの「新しいコミュニティ」との協働ができている自治体はまだ少ない。今後，自治体が地域で子育て支援に取り組む団体の公益性を認定し，子育て世帯を支援するソーシャル・キャピタル（信頼に基づ

〈ネットワーク〉の醸成を促す取り組みを行うことは，少ない財源で子育て世帯の不安を緩和し，出生意欲を高める「費用対効果の高い子育て支援」となる可能性がある。

5 おわりに：政府による対応

　本章では，出産・育児に関する不安が，出産の意思決定にマイナスの影響を与えているという仮説に基づいて理論的考察を行い，地域における子育て支援を，その不安を緩和する取り組みとみなして，どのような取り組みが，出生意欲の向上につながるか，データ分析を通じて明らかにした。そして，地域の子育て支援を政策的に支援することが，地域のソーシャル・キャピタルの累積的な蓄積をもたらし，少子化対策の一つとなりうることを，ソーシャル・キャピタルの理論および事例研究を基に議論した。

　しかし，地域での子育て支援事業が，出産・育児に関する不安を一部軽減できるとしても，その効果は限定的と考えられる。例えば，子育てのための時間に関する不安を軽減するためには，働く母親が保育サービスを確実に利用できる環境を整えることが重要である。利用できないかもしれないという不安が存在するなら，それだけで出生意欲が低下する可能性がある。また，例えば子どもが病気になったとき，親に求められる追加的な時間を確保できるか否かに関する不安は職場環境にも依存する。ワークライフバランスを取りやすい制度や雰囲気がある職場なら，親の不安は軽減されるだろう。

　さらに，出産・育児に関する最大の不安と考えられる金銭的不安（第 3 節での議論を参照）に関しては，大きな費用が必要な子どもが生まれることに対する民間保険が，ほとんど存在しない現状を踏まえると，何らかの公的介入がなければ軽減することが難しい。そのような観点から，公的な「子ども保険」の導入は正当化される。

　出産・育児に伴う金銭的な不安を軽減するための仕組みと考えられる「子ども保険」が存在しないこと，あるいは，それと同等の効果を持つ子育てへの金銭的支援の仕組みが不十分であることが，日本で少子化問題や子どもの貧困の問題が緩和されない重要な理由の一つと考えることもできる（山重 2018）。

　言うまでもなく，出生意欲を低下させるのは，出産・育児への不安のみではない。しかし，地域での子育て支援事業から見えてきたのは，多くの夫婦が出産・育児に関する不安を抱き，その不安を軽減してあげられるような取り組みを行いたいと考えている人々の存在であった。自治体が，そのような子育て支援を行う団体を支援することで，地域の子育て支援のネットワーク（ソーシャル・キャピタル）が充実し，住民の出生意欲が高まっていく可能性は高い。

　そのような政策の効果は，子育て世帯への現金給付や現物給付ほどには大きくないかもしれない。しかし，巨額の公的債務が累積している状況で，日本社会の持続可能性を脅かす少子化問題を解決していくためには，小さな効果を積み重ねていく地道な政策的対応が必要である。出産・育児に関する不安や規範に注目した経済学的研究のさらなる蓄積を期待したい[15]。

｜注｜

1　本章は，新潟県少子化対策モデル事業検証委員会の委員の1人として，検証のために使用を許されたデータを基に，一橋大学国際・公共政策大学院の2名の大学院生が分析した結果（浮田（2017）および岩崎（2019）を参照）も踏まえて，筆者が執筆したものである。

2　このモデル事業は，地域での子育て支援の取り組みを促進することを一つの目的としているが，参加団体によるアンケート調査を基に効果検証を行い，効果的な少子化対策のあり方に関する知見を得ることも目的としている点でユニークである。

3　出生行動に関する先駆的研究である Becker（1960）以降，様々な経済学的な分析が行われてきた。社会保障制度の充実が，少子化を招く一因となっていることについては，比較的早い段階から研究が行われてきたが，Groezen et al.（2003）などが洗練された分析結果を提示し，広く認知されるようになった。

4　Modena et al.（2014）は，同様の問題意識を持つ研究の一つである。そこでは，女性の雇用の不安定性などが，イタリアにおける出生率に影響を与えることが実証的に明らかにされている。

5　期待効用理論に基づくモデルは省略するが，標準的な不確実性のモデルで説明できる。

6　子育てに関する家族内での共助のメカニズムについては，経済学でも分析されてきた。例えば，Bergstrom（1997）は結婚のリスク・シェアリング機能につい

て, Guiso and Jappelli (1991) や Cigno (1993) は, リスクへの対応を行うべき資本市場が市場の失敗のために効率的に機能しない状況で, 親子間のリスク・シェアリングが果たしてきた役割やメカニズムついて, それぞれ整理・分析している。

7　例えば, Townsend (1994), Ligon (1998), Ligon et al. (2002) などの先駆的な研究は, 途上国の村社会が, リスク・シェアリング機能を持っていたことを実証的に明らかにした。

8　経済学的な研究ではないが, Rossier and Bernardi (2009) や Bernardi and Klärner (2014) は, 出生行動が人間関係 (Social Network) によって影響を受けることを, 事例分析を通じて明らかにしている。そこでは, 個人が所属するネットワーク (ソーシャル・キャピタル) は, 出産・育児のリスクを低下させるだけでなく, それ以外の便益をもたらすことが議論されている。Bühler and Philipov (2005) は, ソーシャル・キャピタルと出生行動の関係性について明示的に考察し, 経済学的な考察に基づいて実証研究を行っている。そこでは, ソーシャル・キャピタルに期待される出生率への幅広い効果が議論されている。

9　出生率には西高東低の特徴があり, 都道府県庁所在地の年間平均気温を制御変数として推計を行ったところ, ソーシャル・キャピタル指数の有意性はさらに高まった (**図1**の下の推計式)。

10　今回の分析で用いたデータは, 2015年度から2018年度までに, 補助対象団体のサービスを利用した直後に実施されたアンケート調査で収集されたデータである。女性の回答者がほとんどであり (約97%), 男性と女性の回答に若干の差があったため, 今回の分析は女性に限定して行った。また, 今回の分析で用いた変数に関して欠損値がない回答のみを対象として分析を行った。回答者の中心は, 20代後半から30代後半までの母親であった (約83%)。雇用に関しては「無職」の回答が半数近くを占めており, その多くが専業主婦と考えられる。専業主婦の場合, 保育サービスなどを受けることが難しく, 地域での子育て支援は, 子育ての不安を緩和する貴重な機会になると思われる。雇用形態によって, 現在の子ども数, 理想の子ども数, 予定子ども数に若干の差があった。無職の母親の予定子ども数 (1.99人) が平均 (2.02人) よりも低く, 非正規雇用者の予定子ども数 (2.07人) が最も多かった。

11　各変数の平均値はQ1=3.42(0.619), Q2=3.44(0.619), Q3=2.49(0.855), Q4=3.28 (0.672), Q5=3.74(0.525), Q6=3.78(0.428), Q7=2.98(0.903) である (括弧内は標準偏差)。

12　各制御変数の平均値はC1=4.40(1.090), C2=1.43(0.722), C3=0.65(0.479)である (括弧内は標準偏差)。

13　表中の「予測的中率」は，推計結果に基づいて予測された回答が，実際の回答と一致する割合を表しており，それが高いほど良い推計が行われていると考えられる。

14　補助対象12団体のうち5団体を訪問し，本論文の仮説に関わる内容を中心に，それぞれ約1時間のヒアリングを行った（2018年3月26日および27日に実施）。

15　新潟県の少子化対策モデル事業でも，出産・育児に伴う金銭的・非金銭的不安を緩和する支援が試みられた（岩崎（2019）や浮田（2017）も参照のこと）。

｜参考文献｜

岩崎祥太（2019）「新潟県少子化対策モデル事業の政策評価—DID分析を用いた子育て支援政策の定量的検証—」一橋大学コンサルティング・プロジェクト最終報告書＜https://www.ipp.hit-u.ac.jp/consultingproject/2018/CP18Iwasaki.pdf＞

浮田陽一（2017）「新潟県少子化対策モデル事業のアンケート分析」一橋大学コンサルティング・プロジェクト最終報告書＜https://www.ipp.hit-u.ac.jp/consultingproject/ 2016/CP16Ukita.pdf＞

国立社会保障・人口問題研究所（2018）『人口問題資料集 2018』

滋賀大学・内閣府経済社会総合研究所（2016）『ソーシャル・キャピタルの豊かさを生かした地域活性化』（滋賀大学・内閣府経済社会総合研究所共同研究「地域活動のメカニズムと活性化に関する研究会報告書」）2018.9.28参照＜http://www.esri.go.jp/jp/prj/hou/hou075/hou75.pdf＞

内閣府（2003）『平成14年度 ソーシャル・キャピタル：豊かな人間関係と市民活動の好循環を求めて』2018.9.28参照 ＜https://www.npo-homepage.go.jp/toukei/2009 izen-chousa/2009izen-sonota/2002social-capital＞

内閣府（2005）『社会全体の子育て費用に関する調査研究報告書』2018.9.28参照＜http://www8.cao.go.jp/shoushi/shoushika/research/cyousa16/hiyo/index.html＞

山重慎二（2013）『家族と社会の経済分析：日本社会の変容と政策的対応』東京大学出版会.

山重慎二（2018）「新制度の課題と改善策—保育サービス需給と財源の問題を中心に—」『社会保障研究』第3巻, 第2号, 174-189頁.

Becker, G.（1960）"An Economic Analysis of Fertility," in *Demographic and Economic Change in Developed Countries*. Princeton: Princeton University Press.

Bergstrom, T.（1997）"A Survey of Theories of the Family," in M. R. Rosenzweig and O. Stark（eds.）*Handbook of Population and Family Economics*, Vol. 1A. Amsterdam: Elsevier Science B. V, pp. 21-74.

Bernardi, L. and A. Kärner（2014）"Social Networks and Fertility," *Demographic Research*, Vol. 30（22）, pp. 641-670.

Bühler, C. and D. Philipov（2005）"Social Capital Related to Fertility: Theoretical Foundations and Empirical Evidence from Bulgaria," *MPIDR Working Paper* WP 2005-016, June 2005.

Cigno, A.（1993）"Intergenerational Transfers without Altruism: Family, Market and State," *European Journal of Political Economy*, vol. 7, pp. 505-518.

Glaeser, E. L., D. Laibson, B. Sacerdote（2002）"The Economic Approach to Social Capital," *Economic Journal*, vol. 112, F437-458.

Groezen, B. van, T. Leers and A. C. Meijdam（2003）"Social Security and Endogenous Fertility: Pensions and Child Allowances as Siamese Twins," *Journal of Public Economics*, vol.87（2）, pp. 233-251.

Guiso, L. and T. Jappelli（1991）"Intergenerational Transfers and Capital Market Imperfections: Evidence from a Cross-section of Italian Households," *European Economic Review*, vol.35（1）, pp. 103-120.

Ligon, E.（1998）"Risk Sharing and Information in Village Economies," *Review of Economic Studies*, vol. 65（4）, pp. 847-864.

Ligon, E., J. P. Thomas and T. Worrall（2002）"Informal Insurance Arrangements with Limited Commitment: Theory and Evidence from Village Economies," *Review of Economic Studies*, vol.69（1）, pp. 209-44.

Modena, F., C. Rondinelli and F. Sabatini（2014）"Economic Insecurity and Fertility Intentions: The Case of Italy," *Review of Income and Wealth*, vol. 60（S1）, pp. 233-255.

Putnam, R. with R. Leonardi and R. Y. Nanetti（1993）*Making Democracy Work: Civic Traditions in the Modern Italy*. Princeton University Press.

Rossier, C. and L. Bernardi（2009）"Social Interaction Effects on Fertility: Intentions and Behaviors," *European Journal of Population / Revue europénne de Démographie*, vol. 25（4）, pp. 467-485.

Townsend, R. M.（1994）"Risk and Insurance in Village India," *Econometrica*, vol. 62（3）, pp. 539-591.

Yasuoka, M.（2021）"Endogenous Fertility and Social Security." 『経済分析』202号, 201-219.

終 章

日本の社会保障システムの強靱化

山重 慎二

　日本の社会保障は，2025年以降も持続可能だろうか。日本の社会保障システムの持続可能性を高めるにはどうしたらよいのだろうか。このような問題意識を持って，私たちは研究を行い，その成果をとりまとめた。

　今回の研究プロジェクトを通じて，私たちが明らかにできたことは，社会保障システムという生態系のほんの一部である。持続可能な社会保障システムを設計するためには，それを構成する様々なサブ・システム（家族や市場など）の相互依存関係なども含めて，全体像を可能な限り正確に理解することが必要である。

　「未完成のパッチワーク」とも言える本書の分析や考察を踏まえて，社会保障の持続可能性を高めるための明確なビジョンを提示することは難しい。しかし，不完全であるにせよ，私たちの研究から見えてくる課題や進むべき方向性に関する示唆を，最後にまとめておこうと思う。残された課題とともに，それらを整理しておくことが，今後の研究につながる礎となることを期待したい。

1 | 持続可能な社会保障システムの設計

　日本の社会保障システムの持続可能性という観点から，現状を評価し，それを高めるためのシステム改革の方向性を議論するために，まず，「システムの持続可能性」の意味を明確にしておく。そして，そのための必要条件と考えられる「システムのレジリエンス」に関する理論的議論を整理しておきたい。

1.1　持続可能性の定義

　私たちの社会システムは，数学的には（極めて複雑な）動学方程式体系で表現できる。各時点の社会状態は，過去の出来事，現在の制度，将来予想，偶然といった様々な要因に依存して決まる。

　現状が持続可能であるとは，社会状態が現状の「近傍」にとどまり続けられることと定義する。言い換えると，現状に後戻りできなくなるような「臨界点（Point of No Return）」が存在しない場合に，現在の状態は持続可能と定義することになる[1]。現状が持続可能である時，現在の社会システムは持続可能であると言う。

　持続可能性は将来の状態に関することであり，現状が本当に持続可能か否かは一般にわからない。将来は不確定であることを踏まえると，確率的にしか議論できない。そこで，現状が持続可能である確率が高いと考えられる場合，持続可能性は高いと表現することになる。

　このような「システムの持続可能性」のイメージを，生態系（エコシステム）の持続可能性を例として説明してみよう。地球の長い歴史の中で多くの種が誕生したが，そのうちの一部は持続できなかった。例えば，ある場所の，ある時点における美しいサンゴ礁を考えてみよう[2]。このサンゴ礁は，様々な生き物が一定のバランスで共存する生態系とみなせる。サンゴ礁の状態は日々変化しているが，その基本的なバランスと美しさが維持されると予想される場合，現在のサンゴ礁の生態系は持続可能と言えるだろう。

　しかし，一般に，すべての美しいサンゴ礁が持続可能とは言えない。その「消滅」には２つのパターンがある。ひとつは徐々に進行する消滅，そしてもうひとつは突然の消滅である。例えば，地球温暖化はサンゴ礁の緩やかな消滅を引き起こす可能性がある。一方，サンゴを食べるオニヒトデの突然の侵入は，サンゴ礁の生態系の突然の消滅をもたらす。

　これらの出来事が起こった後も，一部の生き物はサンゴ礁に残るかもしれない。しかし，新しい状態は現在の生態系とはかけ離れたものとなる。このような事態に直面する確率が高い場合，サンゴ礁の持続可能性は疑わしい。

　私たちの研究対象は，日本の社会保障システムにおける国民の安心・安全の

持続可能性の問題であるが，サンゴ礁という生態系（エコシステム）の中の生き物の生存の持続可能性の問題と同様の位相構造を持っている。日本の社会保障システムの持続可能性が疑わしいのは，緩やかな消滅（例えば少子高齢化や人口減少）や突然の消滅（例えばパンデミックや財政破綻）に直面する可能性が十分存在すると考えられるからである。

1.2 システムのレジリエンス（強靭性）

　社会保障システムの持続可能性を高める方法を考えるために，持続可能なエコシステムの条件についてさらに考えてみよう。ダーウィンの進化論によると，環境変化に適切に適応できないと種は絶滅する。したがって，システムのどのような性質が，その存続に有用かが問題となる。

　レジリエンスとは，ショックへの耐性を表す言葉である。資源の枯渇により緩やかな消滅の問題に直面しているシステムは，わずかなショックで突然の消滅を迎える可能性が高い。システムのレジリエンスを高めるためには，「ショックの発生」という環境変化だけでなく，「資源の枯渇」という環境変化への対応も必要となる。システムの持続可能性を高めることと，システムのレジリエンスを高めることは，ほぼ同値と考えられる。

　社会保障システムのレジリエンスを高めるにはどうしたらよいのだろうか。システムのレジリエンスにプラスの影響を与えると考えられる様々な性質[3]のうち，以下では，①効率性（Efficiency），②冗長性（Redundancy），③多様性（Diversity），④迅速性（Rapidity）という4つの性質に焦点を当てる。

　効率性とは，資源を無駄なく使うことを意味する。環境が種の生存にとって厳しくなると，資源を最も効率的に活用できるものが，より高い生存率を獲得する。私たちは生き延びるために他者との協力が必要な場合が多い。もし効率的な協力ができなければ，生存率は下がる。したがって個体の効率性だけでなく，個体のネットワークの効率性も重要となる。

　生存確率を高めるために効率性は重要な特性であるが，効率的すぎると生存確率を低下させる可能性があることも知られている。システムの中に，ある程度の冗長性つまり若干の無駄や非効率があることが，突然の絶滅を引き起こす

ような大きなショックに対しては有効と考えられている。冗長性（「ゆとり」や「あそび」）がないシステムは，大きなショックがシステムに加わった場合に壊れてしまう可能性がある。システムの冗長性はショックの吸収体として機能する。

　多様性も，様々なショックへの適応という観点から有用であることが知られている。例えば，1つの種に複数のタイプがある場合，ショックに対して一部のタイプは生き残る可能性がある。多様性が低い種は，ショックに直面して絶滅する可能性が高くなる。

　さらに，社会保障システムのように人間が構築・維持するシステムの場合，システムを維持する司令塔が，ショックに対して迅速に対応できるか否か，つまり迅速性がシステムの崩壊を防げるか否かの鍵になることが多い。最初のショックを迅速に緩和できれば，その影響を広げることなく，システムの状態が臨界点を超えずに済む可能性が高まるからである。

　システムのレジリエンスを高めるための上記の4つの特性は，社会保障システムの持続可能性を向上させるためにも有効である。例えば，パンデミック（感染症の大流行）というショックに対する医療システムのレジリエンスを高める方法を考えてみよう。

　まず，パンデミックにより医療需要が膨張した場合，人々の安全安心を維持するためには，医療システムが医療資源を無駄なく活用できる効率性を有することが重要である。病院や診療所のネットワークも効率的であれば，医療システムの持続可能性は高まるだろう。

　ただし，まったく無駄がない医療システムは，実はショックに弱い。少子高齢化に対応するために，効率性を高めて社会保障支出を切り詰めることは望ましいが，ある程度の冗長性，つまり「ゆとり」を確保しておかないと，パンデミックのようなショックが起こった時に医療崩壊が起こる。効率的にゆとりを残しておくことが，ショックへの耐性を高めることにつながる。

　また，パンデミックが起こった感染症の影響が性別や年齢によって異なる場合，医師や看護師の多様性が低いと，医療資源の偏在が起こり，効果的な医療の提供が困難になる。多様な医師や看護師の人材プールが厚みを増せば，システムのレジリエンスは高まる。

　そして，迅速性は，パンデミックへの対応でも鍵となる。例えば，新型コロナウイルス感染症に対して，欧米諸国では初期対応が遅れたことで医療崩壊が発生し，多くの死者が発生した。一方，日本では，発生源が隣国だったことやマスク着用への国民の抵抗感が少なかったこともあり，初期対応を迅速に行えた。しかし，2021年の春から秋にかけては，日本でも都市部で発生した感染爆発を初期段階で迅速に抑えることに失敗し，多くの「救えたはずの命」が失われた（序章図１参照）。

　レジリエンスの理論は，①効率性，②ゆとり（冗長性），③多様性，④迅速性，といった特性が，社会保障システムの持続可能性を高めるために有用ということを教えてくれる。例えば，社会保障制度の財政的な持続可能性を高めるための歳出削減が，いずれかの特性を失わせることになれば，持続可能性を低下させ崩壊を招く可能性もある。持続可能性を高める特性は，常に意識しておくことが有用である。

2 │ 社会保障システムの強靭化

　本書では，社会保障システムの持続可能性を，社会保障を支える「人」に注目して考察してきた。社会保障の中心的な需要者である高齢者が増加する一方で，その主たる供給者である若年層が縮小していくという少子高齢化が，社会保障システムの持続可能性を脅かす最大の要因と考えられるからである。

　外国人労働者やロボットを活用すれば，「人」の問題は心配しなくてよいとの議論は多い。確かに，高齢者が，医療や介護といったサービスを，日本人ではなく，外国人やロボットに提供してもらうことに抵抗がなくなれば，説得力のある議論となるだろう。

　しかし今後，65歳以上の高齢者は人口の４割近くを占めるようになり，これまで以上に政治的発言力が高まっていく。公的な医療・介護システムの中で，外国人労働者やロボットが日本人を完全に代替していく状況が期待できるだろうか[4]。さらに，保育サービスを必要とする子育て期の親が，日本人の保育士ではなく，低賃金の外国人労働者やロボットに保育を行ってもらうようにするという政策に賛成するだろうか。

　移民受け入れに伴う社会的費用を考えると，日本では，社会保障サービスの主たる提供者を，安価な外国人労働者やロボットで完全代替することは，政治的には，つまり現実的には難しいのではないだろうか。2025年以降も，質の高い社会保障を，それを必要とする人々に提供し，安全や安心を感じてもらえるような社会保障のシステムを，日本で維持するためにはどうしたら良いのだろうか。

　前節で紹介したシステムの強靱化に関する理論的考察も踏まえて，本書での分析や考察が示唆する改革の方向性を，以下の7つの政策提案として整理しておきたい。

【提案1】社会保障サービス提供者の多様性を高める（多様性の改善）
【提案2】労働に見合う賃金を保障する（多様性とゆとりの改善）
【提案3】家族ではなく市場を活用する（効率性の改善）
【提案4】ネットワークを強化する（効率性を迅速性の改善）
【提案5】「先進国」並みの子育て支援を行う（効率性とゆとりの改善）
【提案6】社会保障システムの全体最適を図る（効率性の改善）
【提案7】外国人労働者やロボットに手伝ってもらう（多様性の改善）

2.1　社会保障サービス提供者の多様性を高める

　社会保障サービス（ケア・サービス）の提供者を性別に見ると，医師は男性が多い一方，看護師，介護士，保育士は女性が多い。また年齢も相対的に若い人が多い。このような仕事ごとの性別や年齢の偏りは，その偏りを前提とした労働環境を生む。

　例えば非高齢・男性に偏る状態が続くと，そのような労働者を前提とした職場環境（働き方）が確立されることが多い。そして，家庭での役割分担に関する伝統的な価値観（男は外で働き女は家を守る）の下で男性が「大黒柱」として家族全員分の所得を稼ぐことが期待される場合，男性中心の職場環境は，長時間労働を前提としたものとなりやすい。その結果，（平均的に）長時間労働を好まない女性は，男性中心の職種を選ばなくなり，「男性中心の長時間労働

の職場」が固定化する。

　高橋論文（第1章）では，医師の長時間労働と働き方改革の問題を，山田・石井論文（第2章）では男性介護士を増やすための賃金の問題を取り上げて，医師や介護士の性別や年齢の多様化を進めることの難しさを指摘している。多様性の管理（Diversity Management）の費用は決して低くはないが，多様性を高めることのメリットは大きい。

　これまで「長時間労働の職場」が男性中心となっていたことは，合理的だったかもしれないが，非効率性も生んでいた。特に，女性の人的資本も高齢者の健康も昔とは比べものにならない程高まっている。女性や高齢者が労働市場から排除されることは，非効率性のみならず，高齢者，女性，そして子どもの貧困の原因となり，不公平性も生む。

　特に，社会保障の分野で，労働不足の問題が深刻になると，伝統的なグループ（医師の場合は男性，看護師・介護士・保育士の場合は女性）の中だけから望ましい人材を集めることが難しくなる。非伝統的なグループの中からも望ましい人材を採用した方がよくなる。しかし，既存の雇用環境が伝統的なグループに適した環境である場合，他のグループからの参入が困難になる。このような問題を改善し，多様な人材を採用・育成できるようにすることが，近年の「働き方改革」の背後にある。

　近年，日本人の価値観にも変化が見られ，男性中心だった職場でも「働き方改革」が期待されている。また，新しい技術の発展，サービス利用者の変化，家族関係の変容などにより，ケアの現場は大きく変化し，既存の役割分担は望ましいとは言い難くなっている。多様性を高めることが重要になっている。

2.2　労働に見合う賃金を保障する

　社会保障サービス提供者に関して，多様性を高めることの難しさの一つが，伝統的に女性中心だった仕事（特に介護士や保育士）の賃金の低さである。専業主婦モデルでは，既婚女性は夫の所得を補う第2の稼ぎ手として，比較的自由度が高い仕事であれば低賃金でも働く傾向が見られた[5]。

　社会保障部門での賃金の低さは，平均賃金が高い男性の参加を阻止する要因

となる。増え続ける介護サービスを提供できる女性労働者が枯渇していく状況では，山田・石井論文（第2章）が指摘するように，男性労働者にとっても魅力的な賃金を提供できるようにする政策（報酬や補助金）を実施することが合理的と考えられる。

しかし，厳しい財政状況にある政府は，そのような賃金引き上げを躊躇し，政府は安価な外国人労働者の参入を促す政策を推し進めている。それは財政支出の節約になったとしても，サービス提供者の賃金を低い水準にとどめる。それが労働者のゆとりを失わせて，介護の質の低下につながる可能性がある。パンデミックのようなショックが起こった時に，離職を食い止められずサービス提供が困難になる可能性もある。介護士や保育士であることが魅力的となるように，労働に見合う賃金を保障することが望まれる。

ただし，事業者への報酬を増やすだけでは，それが賃金の上昇につながるとは必ずしも言えない。朝井・地曳論文（第6章）では，経験のある保育士の賃金を引き上げることを条件に補助を与えるという方式が，期待通りの効果を持った可能性が高いことが明らかにされている。

政府から見ると，社会保障サービス提供者への賃金は，できるだけ低く抑えたい「費用」であろう。しかし，それはサービス提供者にとっては，生活を営むための「所得」であり，仕事への誇りや意欲の源泉となる。社会保障サービスの提供のために必要な労働力を，低賃金で確保しようとすることは，サービスの量と質の確保を困難にする。

仕事に見合う適正な賃金を支払い，社会保障サービス提供者の生活に一定の余裕を持たせることが，社会保障システムのレジリエンスを高めることにつながるだろう。

2.3　家族ではなく市場を活用する

介護や保育への需要の増加に見合うサービス供給を確保できない状況で，政府は家族による介護や保育への依存を続けてきた。新型コロナウイルス感染症の急速な拡大で医療需要が急速に高まった時にも，政府は医療供給を増やす余裕が残っていたにもかかわらず，医療サービスの拡大ではなく，感染者に自宅

療養を求めた。

　そのような対応を行うことで，政府や自治体は，医療サービスを増やすための調整の努力や費用を節約できただろう。しかし，その負担は，家族全員の感染や家族がいない患者の不安や病気の深刻化を招いた[6]。

　家族やコミュニティへの依存は，公的な社会保障サービスの拡充を望まない日本政府が，これまで行ってきたことである。特に保育や介護は，家族でも対応しやすいため，多くの家族がそれを受け入れてきた。認可保育所や特別養護老人ホームの不足のために，利用できない膨大な待機者がいることが，それを示唆する。

　確かに，介護や保育を家族が担うことのメリットはある。しかし，それが介護や保育を行う家族の就労の機会を奪ったり，過度なストレスをもたらしたりすることは，公平性の観点からも，効率性の観点からも望ましいとは言い難い。社会保障サービスには，一定の規模の経済性がある。家族という非常に小さなユニットが保育や介護を提供するより，市場で提供されるサービスを活用する方が，社会的な観点からは効率的になりうる。

　例えば，保育所を増やさないことで，政府支出は節約されるかもしれない。しかし，親や祖父母が労働に参加できなくなることで失われる付加価値が，社会的には大きな（機会）費用として発生する（臼井・上野論文（第4章）での議論を参照）。主たるケアを専門家に提供してもらうことで，家族ケアの負担が軽減されればストレスが低下し，家族関係はむしろ良好になり，子どもにも高齢者にも良い影響を与えると考えられる。

　今なお保育サービスを確実に利用できない状況にあることが，女性の労働参加の抑止要因となり，労働力確保のためのプールが厚みを増すことを阻む一因となっている（近藤・深井論文（第5章）での議論を参照）。そして，労働市場への継続的参加を希望する女性が出産を諦める一因にもなる。

　現代社会では，子どもや高齢者への家族による虐待が，家庭という見えない場所で起こることも少なくない。また，介護が必要な家族のために，ケアや家事を行うことで，学びや遊びの機会を十分確保できないヤングケアラーの問題が注目されるようになったが，問題への対応の難しさの一因も，ケアが見えない場所で起こっていることにある。ケアサービスの提供を家族に任せるのでは

なく，質の高いケアサービスが市場で提供されるように，政府が制度設計や財源保証を行うことが，効率性の観点からも，公平性や人権保障の観点からも望ましいと考えられる。

2.4　ネットワークを強化する

　膨張する需要に対して，供給が不足する事態が発生することは，様々なサービス供給システムにおいて起こる問題である。効果的な対応の一つは，システムに一定量の冗長性（ゆとり）を持たせて，需要の一時的な増大に対応できるようにしておくことである。

　サービス提供の拠点（病院や介護施設など）が，少しずつ余裕を持つことで，需要の増加に対応可能となる。さらに，拠点間のネットワークでの協力関係が行われやすい状態が確立できていれば，ある拠点での急激な需要増大に対して，余剰資源を集めることで効率的な対応が可能になる[7]。

　本書でも，高橋論文（第1章）において，働き方改革で，各病院でのサービス供給資源が低下してしまう問題に対して，病院内での「チーム制」医療が効果的と考えられること，そして地域全体では，他病院への医師の派遣や救急対応の当番制のネットワークの強化が，効果的な対応となりうることが示唆されている。

　需要の膨張と供給の枯渇が進むにつれて，ショックへの対応が困難となり，システムが崩壊するという事態は，すでに新型コロナウイルスのパンデミックへの対応で日本も経験したところである。社会保障サービスの供給ネットワークを構築・強化し，普段から連携を維持しておくことで，システムのレジリエンスは高まる。

　ただし，ネットワーク上の資源利用は，利己的な経済主体による「ただ乗り」行動によって非効率的になる可能性が高いことが知られている。ネットワーク上のただ乗りを防ぐために，政府の統制権を強化することは，問題の緩和に貢献するかもしれない。しかし参加者の意思を無視した強制による統制は困難である。ネットワーク上の資源が迅速かつ効率的に活用されるためには，ネットワーク参加者の信頼関係に基づく協力を引き出すことができる優れた司

令塔が必要である。

　社会保障サービスは，中央政府によって統制される計画経済の下にあり，中央政府が司令塔の役割を果たすべきである。しかし日本では，「地方分権」の名の下に，中央政府が自治体に意思決定を任せようとすることが多く，社会保障のネットワークの効率的な活用に失敗することが多い。司令塔からの指令に基づくオペレーションは，分権的に行われることが望ましいが，ショック時に資源を動員するための戦略やルールの設計は，中央政府が行うことが最も効果的である。国はそのための覚悟と能力を持つことが重要である。

　そして，何より重要なのは，関係者のネットワークを平時から構築・維持しておくことである[8]。山重論文（第8章）では，地域における子育て支援のネットワークを構築・維持する取り組みを行うことが，子育て世帯に「ゆとり」をもたらし，社会保障制度を支える次世代の出生にプラスの効果を持つ可能性が示された。病院・診療所，介護事業者，保育所，地域包括ケア拠点，（災害時の避難施設としての）学校などの連携を，地方政府，そして中央政府が，補助や支援を行いながら強化していくことが，社会保障システムのレジリエンスを高めることに貢献するだろう。

2.5　「先進国」並みの子育て支援を行う

　日本で，保育サービスの増加が需要の伸びに追いついていない理由のひとつは，財政状況の厳しさである。保育所の施設整備に費用が必要であるばかりでなく，利用者補助も多額であるため，財政制約に直面する政府は保育サービス拡大に躊躇している。

　しかし，現在日本が直面している公共部門の財源不足や人手不足の根源的理由は，約半世紀にわたる低い出生率にあり，そのような状態から抜け出す政策が十分実施されてこなかったことにある。少子化による人材の枯渇が，日本の社会保障システムの緩やかな崩壊をもたらすと考えられるのである。

　社会保障システムでは，主として若い世代が労働と財源を提供して高齢者を支援している。社会保障制度を通じて高齢者を支援したいのであれば，若い世代の子育て支援が必要である。しかし日本では，そのような政策が十分採られ

てこなかった（山重（2013, 第 8 章）や山重（2016, 第 7 章）を参照）。

　他の「先進国」，特にヨーロッパ諸国は，早い時期から少子化問題と労働力不足の問題に直面し，家族を支援するための支出を増やしてきた。**図 1** に示すように，OECD諸国の家族（子育て世帯）への平均社会支出はGDPの約 2 ％であり，出生率と女性の労働参加率が高い国々ではGDPの 3 ％を超えている。しかし，日本では，子育て支援のための社会支出は，GDP の約1.6％である。この程度の公的な子育て支援では，子どもを生み育てやすい環境は整わない。子育て支援のための公的支出の低さが，日本の出生率が低い水準に止まる最大の原因の一つと考えられる（安岡論文（第 7 章第 2 節）も参照）。

　確かに，日本政府も子育て支援に取り組んできた。しかし，出生率に対する効果はあまり見られない。子育て支援をやっても無駄だという声もある。しかし，「取り組むこと」と「十分に取り組むこと」は全く異なる。どの程度取り組むかが重要だ。

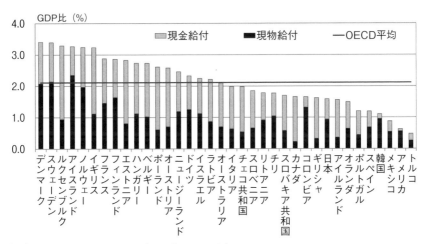

出所：OECDデータベース（2017年のデータ）

図 1　OECD諸国の家族への社会支出（GDP比）

　日本政府が，子育て支援にどの程度取り組んだかは，**図 1** のような国際比較を通じて窺い知ることができる。日本の子育て支援政策の方向性は基本的に間

違っていない。効果が見られないのは，支援が少なすぎるからと考えるのが自然である（以下の**図2**も参照）。

　序章の**図5 (a)**に見られるように，政府が見込む2040年の子育て支援のための社会支出のGDP比は約1.7％である。現在のOECD諸国の平均にも満たない。日本政府が「子育て支援にしっかり取り組む」と言う時の中身は，その程度だ。それでは，少子化対策としての効果はあまり期待できない。

　政府の推計には，「持続可能な社会保障システム」を構築・維持するためのビジョンや戦略が見えない。子育て支援政策の内容や公的支出に関する国際比較に基づくと，日本の社会保障システムを持続可能なものとするためには，子育て支援のための社会支出のGDP比を少なくとも３％以上にする必要があるだろう。

　もちろん，それだけで出生率が急増するわけではない。しかし，私たちの出生行動が，政策によって大きく影響を受けることを考えると，現在の子育て支援のための社会支出を倍増させるという「異次元の子育て支援政策」を実施することで，日本の子育て環境は大きく改善し，出生率にプラスの影響を持つだろう。子どもを，そして子育てを行う家族を大切にする政策は，社会保障システムの持続可能性を高める最も重要な政策の一つと考えられる[9]。

2.6　社会保障システムの全体最適を図る

　社会保障システムは，それぞれのパーツが有機的な関係を持っているため，部分最適となるような政策を実施しても，全体としての持続可能性を高めることはできない。このような視点を持つことは，特にシステムのレジリエンスを高めるという観点からは重要である。

　例えば，少子化によって年金保険料の拠出が減っている中で，マクロ経済スライドの仕組みを使って実質的な給付（年金代替率）を引き下げる政策は，年金制度の持続可能性を高めるという観点からは効果的と考えられる。しかし，将来の年金給付の実質的な低下に備えて，若年期に貯蓄を増やす行動が促されるのであれば，安岡論文（第８章）が示唆するように，子育てのための支出を削減することが合理的となり，出生率がさらに低下してしまい，年金制度の持

続可能性をさらに低める結果となってしまうかもしれない。

　逆に，安岡論文（第8章）が示唆するのは，将来の年金に関する安心感を抱くことができたり，高齢期の労働所得の増加が期待できるようになれば，若い時に子育てのためのお金や時間を使えるようになるので，出生率が向上する可能性である。

　さらなる高齢化に備えて，医療費の伸びを押さえるために，入院する患者を減らすという政策には合理性がある。しかし，そのような政策が介護部門や患者の家族に極めて大きな負荷をもたらすのであれば，望ましい政策とは言えないだろう。医療部門だけでなく，社会保障システム全体でどのように高齢化に対応していくかという視点が重要である。

　さらに，木村論文（第3章）が示しているのは，社会保障サービス部門での労働力の変化は，経済全体の労働力の配分に影響を与えるという結果であり，社会保障部門での改革を考える際には，それが経済全体に与える長期的な影響まで考える必要があるということである。医療，介護，保育といった社会保障制度のパーツの改革を，それぞれの分野の専門家が検討するということには意味があるが，その一方で，各パーツの改革が他の部門そして経済全体に与える影響を考えたうえで，総合的な改革案を考える必要がある。社会保障システムのグランドデザインを考えるという「デザイン思考」が重要となる。

2.7　外国人労働者やロボットに手伝ってもらう

　最後に，ここまででは議論できなかった外国人労働者や技術・資本による社会保障システムの強化について，補足的に議論しておきたい。国内の労働力が減少し，賃金が上昇する場合に期待されるのは，労働から資本や技術への代替である。実際，医療や介護の現場では，デジタル技術やロボットが活用されるようになっている。

　情報処理を効率的に行えるデジタル技術の導入は長時間労働の緩和につながる。また，パワーアシスト機能などは，体力がない人でもできる仕事を増やし，必要な人手を減らすことを可能にする。新しい技術や資本の導入は，必要な労働力の減少を可能にするだけでなく，サービス提供者の多様性を高めることに

も貢献する。

　新型コロナウイルス感染症への対応でも，特に公共部門におけるICTの活用やデジタル化が進んでいれば，感染症の拡大抑制，感染者の健康状態の管理，ワクチン接種などを，より効率的に行うことができ，医療崩壊を回避できたかもしれない。ICT技術を活用して，関係者間のネットワークを日常的に構築・維持できれば，社会保障システムのレジリエンスを高めることにつながる。

　世界中で高齢者が増加し，ケア市場が急拡大していることを踏まえると，今後の社会保障サービス供給において，新しい技術（ICTやAIなど）や資本（ロボットなど）を有効活用するためのイノベーションは，日本の経済成長を通じて財政状況の改善にも資する。人類の歴史の中でケアを提供してきたのは「人」であり，技術や資本で人を簡単には代替できないと思われるが，人間の仕事を補完・支援することは可能である。技術や資本のさらなる活用は，社会保障システムの強靱化に大きく貢献するだろう[10]。

　一方，外国人労働者に，社会保障サービスの提供をまかせることの最大の課題は，おそらく日本語でのコミュニケーション能力であろう。しかし，主たるサービス供給者を，日本人および日本語能力の高い外国人労働者とする一方で，日本語能力が十分でない外国人労働者には，補助者として手伝ってもらうことは可能である[11]。

　日本では現在も外国人や外国生まれの人の割合は総人口の約２％であり，国際的な観点からは今なお極めて低い。欧州では急速な移民の増加により様々な社会問題が生じた。しかし，オーストラリアやカナダのように，多文化政策や外国人向けの教育政策を充実させることで，上手に人口を維持・増加することに成功している国も少なくない。

　外国人を社会にどのように受け入れていくかに関して，日本ではまだ十分な議論が行われていない。そのような議論や準備が行われない中で，国民にあまり見えない形で外国人労働者が増えていくならば，急に移民比率が増加した欧州諸国と同様の問題に早晩直面することになるだろう。実際，日本でも，外国にルーツを持つ子ども・若者の教育や社会適応の問題が起こっている。

　問題や議論の先送りは，歪みを蓄積することで，将来に大きな社会負担をもたらす可能性が高い。外国人労働者の受け入れに関しても，安価な労働者とし

てではなく，社会保障サービスで不足する労働力を補ってもらうという観点から，どう受け入れていくかを真剣に議論すべきである。

3 ｜ 日本の社会保障の持続性：国際的な観点から

　日本の社会保障の持続可能性を考えるうえで，国際比較は有用である。日本と同様の経済・社会の発展段階にあると考えられるOECD諸国を比較対象として，持続可能性を高めるための政策を考えることは有用である。ESRIの国際共同研究プロジェクトに参加してもらった海外研究者の議論も紹介しながら，考察を深めてみたい。

3.1　日本の社会支出は国際的に見て大きいのか

　OECD統計の中で，社会保障のための公的支出に対応する「社会支出（Social Expenditure）」と，それとの高い相関が予想される高齢化率（総人口に占める高齢者の割合）の関係を描いた**図2**を見てみよう。

　図2が示しているのは日本の特異性である。社会支出は高齢化率のみで説明できるものではないが，日本はOECD諸国の中で最も高齢化が高いにもかかわらず，社会支出（GDP比）がOECD平均より少し高い程度に抑えられていることは注目に値する。

　さらに，高齢化率が約35％になると予想される2040年においても，序章**図5**で紹介した政府推計では，社会支出はGDP比で約24％に抑えられるとされていた。その点が**図2**の右端の大きな外れ値として表現されることが，序章で，政府推計の実現可能性に疑問を呈した根拠の一つである。

　社会保障を安価に提供するという観点からは，日本は素晴らしい国と考えられるかもしれない。しかし，日本のケースは，**図2**の中では「外れ値」であり，最も効率的な運営が行われていると考えられる「効率フロンティア」のイメージから離れている。効率的と言うよりも，歪みが出てくるほどの無理が存在するケースに近いのではないだろうか。

　「もったいない」精神で費用を節約することは重要だが，「安かろう悪かろ

社会支出（GDP比）

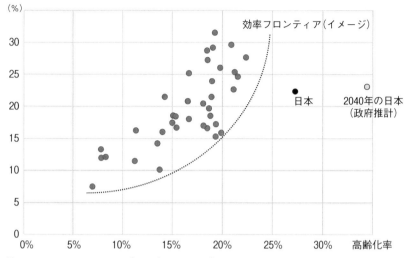

出所：OECDデータベース（2017年のデータ）

図2 社会支出（GDP比）の国際比較

う」という日本語が示唆するように，安いことが望ましいとは必ずしも言えない。安すぎるのは，効率的というより，どこかに歪みが存在している状況と認識する方が適切であろう。本書での分析は，日本の社会保障システムが，そのような歪みを有する状態にあることを示唆している。

　具体的な歪みと考えられるのは，介護士や保育士などの賃金の低さ，（その結果としての）社会保障の現場での労働力不足，そして子育て支援の不足による少子化のさらなる進行などである。そのような「ゆとり」のない状態では，パンデミックのようなショックが発生した場合に破綻しやすくなり，様々な悲劇が発生しやすくなる[12]。今後，社会保障のための支出の伸びの抑制が予定されていることは，本当に望ましいことだろうか。

　少子高齢化への対応として，社会保障給付の伸びを抑えることが，結果的に子育て支援を抑制し，若者の低所得化に貢献することで，少子化をさらに進行させる「悪循環」に陥ってしまう可能性がある。このような「悪循環」の発生は，社会保障が現在の状態から転げ落ち，崩壊してしまう可能性を示唆する。

　特に，それが将来への甘い見込みに基づく支出抑制計画であれば，より深刻な形で問題が先送りされることになる。例えば，私たちの研究プロジェクトでも，Schut（2021, pp. 245-246）は，オランダでの介護保険の見直しでは高齢化の深化への対応だけでなく，次のような社会・経済・政治要因を考慮する必要があるとされたと指摘している。いずれも，楽観的な見込みを持ちがちな日本政府が，直視すべき要因であると思われる。

① 急性疾患の治療の成功率は高まる一方，認知症のような慢性疾患がさらに長期化すると考えられること。
② 福祉の充実に伴い，将来の人々の介護サービスの質への期待や要望は今後高まると考えられること。
③ 家族の規模は小さくなり，絆は弱まり，距離は遠くなり，女性が高齢になるまで労働参加するようになるので，家族による介護には期待できなくなること。
④ 社会保障や教育における生産性の伸びは，他の産業での生産性の伸びよりもかなり小さくなる傾向があり（Baumol 1993），介護も例外ではないこと[13]。

　効率化は重要だが，介護あるいは医療での上記のような現実的要因を考慮すると，日本政府が期待するような支出抑制を実際に行うことは極めて難しいと考えられる。むしろ，社会保障の持続可能性を高めるために必要な支出は未来への投資と考え，そのための財源については，国民の理解を得ながら増税という形で確保していくことが望ましいのではないだろうか。
　日本政府の問題は，国民の増税への理解を求めて抵抗感を和らげるための「国民との対話」を行えていないことにある。その結果，増税しなくても社会保障は持続可能といった「無理のある推計」を提示せざるをえない。そして，そのような心地よい説明を国民に信じさせ，問題が先送りされてきた。しかし，そのような日本の先送りの選択は，やがて社会保障と財政の両方を破綻させる可能性が高い。

3.2 日本の男女格差と社会保障の持続可能性

　社会保障システムというエコシステムの持続可能性を高めるためには，全体最適に取り組むことが重要である（第2.6節を参照）。少子高齢化という類似の課題を抱える先進国では，どのような対応を行ってきたのだろうか。

　私たちの研究プロジェクトでは，Adema（2021）が，OECD諸国と比較しながら，日本では，女性の持つ潜在力がまだ十分に開発・活用されていないことに触れ，男女平等を進めることの重要性を指摘している。

　「日本では女性の経済への参加は今なお限られている。政策は，育児休業期間の充実と保育サービスの増加を通じて，乳幼児がいる夫婦を支援する方向に変化している。しかし，税や社会保障は，働くためのインセンティブが両親に等しく与えられるように徐々に改革されていく必要がある。政策は，指導的な立場にある女性の割合等に関して目標を設けているが，今なお満たされていない。2021年に制定される第5次男女共同参画基本計画が，どの程度実現するかは今なお不明確である。

　日本の労働市場も変わる必要がある。報酬や昇進の仕組みは年功ではなく，パフォーマンスに基づくべきであり，正規雇用に戻る能力がある労働者のプールには，母親労働者やパートタイムの労働者も含めるべきである。職場での慣行が変わるまでには長期間にわたる努力が必要となるだろう。長時間労働の文化を変え，テレワークの機会を増やし，キャリア・トラックや昇進の機会への平等なアクセスを提供するためには，リーダーシップが必要になる。日本のすべての人の能力をより効率的に活用できるように，有償の仕事でも無償の家事でも男女平等がさらに進みやすくなるように，職場が母親にも父親にも魅力的になることが必要である。」（Adema 2021, pp. 259-260：筆者訳）

　表1は，世界経済フォーラムが毎年公表している男女平等指数（Gender Gap Index）を，いくつかの国について，ランキング順に並べて，それぞれの国の社会経済のパフォーマンスの指標とともに整理したものである。

表1　男女平等と社会・経済のパフォーマンス

	A 男女平等指数（順位）	B 合計特殊出生率	C 25-54歳の女性の労働参加率[%]	D 1人当たりGDP（購買力平価、USドル）	E 家族向け社会支出のGDP比（括弧内は現物給付の内数）[%]	F 子どもの貧困率[%]	G 管理職に占める女性の割合[%]	H 国政（下院）の女性議員割合[%]（括弧内は順位）	I 消費税率（括弧内は食料品の税率）[%]
アイスランド	1位	1.75	85.9	58,284	3.27(2.36)	4.5	41.9	38.1(21位)	24(11)
フィンランド	2位	1.35	84.9	50,322	2.87(1.64)	3.4	36.9	41.5(12位)	24(14)
ノルウェー	3位	1.53	83.5	66,798	3.24(1.97)	6.7	34.5	40.8(14位)	25(15)
ニュージーランド	4位	1.72	81.8	44,973	2.46(1.19)	11.3	-	40.0(15位)	15(15)
スウェーデン	5位	1.70	88.9	54,599	3.39(2.15)	7.4	40.2	47.3(5位)	25(12)
⋮	⋮	⋮	⋮	⋮	⋮	⋮	⋮	⋮	⋮
フランス	16位	1.83	82.4	48,800	2.88(1.46)	9.4	34.7	39.7(16位)	20(5.5)
イギリス	23位	1.63	80.6	49,070	3.24(1.12)	11.2	36.8	32.0(39位)	20(0)
アメリカ	30位	1.71	75.0	65,056	0.63(0.56)	18.3	40.7	23.5(85位)	-
⋮	⋮	⋮	⋮	⋮	⋮	⋮	⋮	⋮	⋮
韓国	102位	0.92	66.6	43,045	1.10(0.95)	11.6	15.4	17.1(128位)	10(0)
日本	120位	1.36	77.5	42,439	1.58(0.93)	13.1	14.8	10.2(165位)	10(8)

出所：男女平等指数（2021年）はGlobal Gender Gap Report 2021（World Economic Forum），合計特殊出生率（2019年），女性の労働参加率（2019年），1人あたりGDP（2019年），家族向け社会支出（2017年），子どもの貧困率（2018年）は，いずれもOECDのデータベース（ただし子どもの貧困率は，アイスランドとアメリカは2017年，ニュージーランドは2014年のデータ），管理職に占める女性の割合（2019年）はILOのデータベース，女性議員割合（2019年1月時点）はInter-Parliamentary Union Open Data，消費税率（2021年時点）は財務省の資料より取得。

　日本の社会保障システムの持続可能性を高めるためには，出生率を高めると同時に，多様な人の労働参加を促し，成長を維持・促進することが重要である。**表1**では，男女平等指数（A欄）が高い国々（上位5カ国）では，出生率（B欄），女性の労働参加率（C欄），1人当たりGDP（D欄）が，男女平等度が低い日本や韓国よりも高い傾向が見られる。

　このような相関には，いくつかの要因が働いていると考えられるが，特に重要と考えられるのは，以下のメカニズムである（詳細は山重（2013，第8章）やYamashige（2017，Ch. 8）を参照）。

① 　現物給付型の家族向け社会支出（E欄括弧内）の充実による保育所の充実が，仕事と子育ての両立を容易にし，女性の労働参加率（C欄）と出生率（B欄）を上昇させる。

② 　女性の労働参加率（C欄）が高まることで，女性の人的資本そして所得が

　高まり，国民一人あたりのGDP（D欄）が上昇する。

　このメカニズムで重要となるのは，出産・育児期の女性の就労の機会である。保育所を増やしたり，女性が主な担い手となることが多いケア提供者に適切な労働環境と賃金を保障したりすることは，多くの公的支出を伴う。実際，男女平等指数が高い国々では，GDP比で見た社会保障のための支出（社会支出）が高い。

　しかし，それは節約すべき支出というより，社会保障を維持するための投資的支出と考えられる。男女平等指数（A欄）が高い国々では，消費税率（I欄）を高い水準に設定し，社会保障のための公的支出が高い水準にあっても，財政赤字を出し続けることがないようにしていることを**表1**は示している。

　このような変化は，労働参加，政治参加，教育，健康といった指標で見た男女平等指数を向上させることに貢献する。社会保障の持続可能性を高めるために，日本でも起こることが期待される変化であるが，そのような変化が日本で起こらないのはなぜだろう。

　表1では，家族向け社会支出のGDP 比（子育て支援の程度：E欄）と女性の政治参加（国会議員（下院）の女性比率：H欄）の間に高い相関が見られる。欧州諸国では男女平等の意識の高さにより，女性の政治参加が進み，保育所の充実などを通じて，さらに男女平等度が高まっていった国が多い。しかし，日本よりも男女平等意識が低いと思われる多くの発展途上国・低開発国でも，実は女性議員比率が日本よりも高い国は多い（日本の国会議員（下院）の女性比率は世界の中で165位）。

　そのような国々で実施されてきたのは，国会議員の男女比率を近づけることを法的に求める「クオータ制」の導入である（宮畑（2015）を参照）。日本でも，候補者の男女比率を近づける努力が求められるようになったが，世界標準となりつつあるクオータ制の導入という簡単な政治改革でさえ，今なお実現していない。そのこと自身が，日本人の男女平等意識の低さ，そして日本の古い体質を象徴的に表しているのかもしれない[14]。

4 ｜ おわりに：残された課題

　新型コロナウイルス感染症のパンデミックで始まった2020年。極めて早いスピードで拡散した感染症への対応に各国政府は追われた。欧州諸国やアメリカでは，初期対応に遅れたことや，感染症が広がりやすい生活様式や国民の価値観などもあり，各地で医療崩壊が起こった。

　日本では，国民が自粛を受け入れたことで最初の1年は医療崩壊が回避された。しかし，2021年には都市部で感染爆発が起こり，医療を必要とする人がそれを受けられないという「医療崩壊」が起こった。パンデミックは，医療だけでなく，介護や保育の現場でも混乱を引き起こし，国民の雇用や暮らしに大きな影響を与えた。国民の安全・安心がゆらぎ，社会保障システム崩壊の怖さとともに，日本政府の危機対応の課題を垣間見る経験となった。

　日本では，首都直下地震や南海トラフ地震といった大地震が30年以内に起こる確率は，それぞれ70%以上と考えられている。富士山を始め，人口密集地に近い活火山が爆発し，生活や経済活動に必要なインフラが被害を受け，長期にわたり大きな被害が国内で発生する可能性も高い。また，地球温暖化に起因すると考えられる大規模水害も今後さらに増加していくと予想されている。そのような「想定内の災害」が発生した時，日本政府は「救えるはずの命」をどれだけ救えるだろうか。

　災害の直接的な被害（一次災害）で失われる命を減らすための防災対策に，日本政府は力を入れてきた。しかし，災害の規模が大きくなると，二次災害として，失われる命が出てくる。この二次災害を減らすことは，社会保障システムに期待されることの一つである。

　社会保障システムのレジリエンスを高めることで，例えば災害というショックが発生した時にも，機能低下を最低限に抑えて二次災害を減らすことができる。本書のまとめとして本章では，社会保障システムの効率性，冗長性（ゆとり），多様性，迅速性を高めることがレジリエンスを高めるという議論も踏まえて，社会保障システムの強靱化のための7つの政策提案を行った。

　しかし，繰り返し述べてきたように，私たちの研究は，社会保障システムの

一部を分析したに過ぎない。持続可能性を高めるための政策提案も限定的である。残された研究として，社会保障部門における技術（ICTやAIなど），資本（ロボットなど），そして外国人労働者の活用に関する研究は特に重要と考えられるが，社会保障システムのレジリエンスを高めるために最も重要と考えられるのが，社会保障を支える財政の持続可能性である。**図3**は，日本の公的債務のGDP比が歴史的にも極めて高い水準にあることを示している。

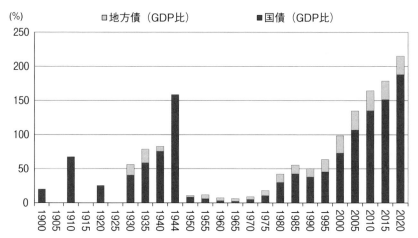

出所：林・今井・金澤 編（2001），財務省，内閣府資料など
注：国債および地方債には「借入金」等は含まない。

図3 日本の公的債務（GDP比）の増大

　健全な財政状態を取り戻し，危機時に公債を増加させる財政的な「ゆとり」を持つことは，社会保障システムのレジリエンスを高めるために重要である。日本政府がもし巨額の借金を抱えていなかったら，新型コロナウイルス感染症で苦しい状況にある人々や事業者に，もっと所得補償を行うことができただろう。そして，感染拡大抑制のための事業自粛要請の実効性を高められるようになり，緊急事態宣言期間の長期化を防ぎ，経済活動や税収の縮小を緩和することができたかもしれない。

　日本政府の巨額の借金は，今後発生するショックへの対応においても，大きな足かせとなる。大地震，噴火，水害，そして新たなパンデミックといった大

規模なショックが今後起こることが予想されている。日本の公的債務が先進国の中でも，歴史的にも，最悪の状況にあることは，社会保障システムの持続可能性への疑問を生じさせる最大の要因である。

　財政状況は，新型コロナウイルス感染症への対応でさらに悪化した。日本の社会保障システムは，今後直面することになる次の大きなショックに耐えられるだろうか。政府の財源不足のために，今後救えるはずの命が救えなくなっていく可能性がある[15]。日本政府が抱える巨額の借金の問題は，世代間の公平性の観点から議論されることが多かったが，今後様々なショックが起こると予想されることを考えると，「日本の社会保障システムの持続可能性」という観点からも議論する必要がある。

　本章における提案の中には，技術やネットワークの活用など，効率性を高めることで費用削減を可能にする提案も含まれるが，社会保障サービスの量と質の維持・向上のためのケア提供者への適切な賃金保障や子育て支援の大幅な増加など，国民の負担の増加が必要となる提案も多い。公的債務を増やさない形での国民負担の増加は，自己負担の引き上げや税・社会保険料の引き上げで対応するしかない[16]。

　そのような国民負担の引き上げを国民に合意してもらうためには，どのような政策や取り組みが有効だろうか。社会保障システムの持続可能性を高めるために，この疑問への答えを見つけることが，残された最も重要な研究課題のひとつかもしれない。

| 注 |

1　持続可能性に関する多くの議論において，現状の「近傍」は，望ましい社会状態と想定されるが，現状が望ましくない状態（例えば，人権が侵害されているような状態）であれば，持続可能性が低い方が望ましいという場合もある。なお，社会状態の持続可能性を高める方法に関する研究は，望ましくない状態が持続しないようにするためのヒントを与えてくれる。ただし，望ましくない状態の持続可能性を低下させた場合，さらに悪い状況に陥る可能性もあることには注意が必要である。

2　持続可能性に関する研究では，サンゴ礁の事例はよく用いられる（例えば，枝廣（2015）など）。

3 Kharrazi et al.（2020）や Carpenter et al.（2012）を参照。レジリエンスに関
しては，枝廣（2015）が，日本語でのわかりやすい解説を行っている。

4 日本人がそのような選好を持つと考えられる理由は，外国人のサービス提供者
とのコミュニケーションの難しさにあると考えられる。国籍や見た目は典型的な
「日本人」でなくても，日本語を中心とするコミュニケーションに問題がなけれ
ば，利用者は外国人労働者を自然に受け入れるだろう。短期間の受け入れではな
く，サービス提供者になるための教育も含めて，長期間にわたって外国人労働者
を育成することにすれば，外国人労働者に主なサービス供給者となってもらうこ
とは十分可能と考えられる。ただし，育成費用も含めると「安価な外国人労働者」
ではなくなるだろう。

5 仕事の特性と言うより，労働環境の問題によって，職業ごとの男女比が必要以
上に大きくなり，男女の賃金格差につながった可能性がある。

6 イギリスのような「かかりつけ医」の仕組みも整備されていない中で，家族で
は最も対応困難な「医療」という社会保障サービスの提供が家族に求められるよ
うになり，大きな不安を抱えることになった国民は多かったのではないだろうか。
危機的状況に陥って初めて，政府の危機対応能力が見えてくる。

7 例えば，パンデミック発生時に医療需要が膨張し，通常の医療施設の対応では
不足してしまう場合，臨時医療施設（いわゆる野戦病院）を作って，各医療機関
で確保している医師や看護師の余裕を少しずつ拠出してもらうことで，限られた
資源を有効活用した対応を行うことは効果的であり，多くの国や地域で行われた。

8 新型コロナウイルス感染症への対応において明らかになったことの一つは，多
くの地域で，医療関係者のネットワーク，そして自治体の各部門と医療関係者の
ネットワークが十分に構築されておらず，協力を迅速に行える状態になかったと
いうことではないだろうか。感染症への対応という特殊事情が，ネットワークに
よる対応を十分に行えなかった理由かもしれないが，社会保障部門のネットワー
クは十分にできていないと思われる。

9 少子高齢化・人口減少の問題への対応としての子育て支援政策や移民政策のあ
り方に関する経済学的アプローチに関しては，山重・加藤・小黒（2013）も参照
のこと。

10 なお，デジタル技術の活用には，プライバシーの問題がつきまとう。それが，
日本での活用を遅らせた一因と考えられる。デジタル技術の有効活用のためには，
技術の開発のみならず，法律，心理，哲学，経済など，多面的な観点からの研究
も重要になる。

11 そのような働き方が可能になるような制度改革が期待される。日本語や日本の

文化・社会を，就労の機会を通じて学んでもらうことは，外国人労働者の日本社会への同化（assimilation）という観点からも望ましい。まずは裏方としての経験を積んでもらいながら，主たるサービス提供者になってもらえるようなキャリア・パスを準備しておくことは望ましいだろう。

12　2021年の夏から秋にかけて，新型コロナウイルス感染症の感染拡大の下で起こった小規模の医療崩壊とその際に発生したいくつかの悲劇を忘れてはならない。今後，同様の状況が，ケアワーカーや財源の不足のために平時にも継続的に起こるようになるというのが，ここで想定している持続可能性の問題である。

13　オランダでは，1972年から2010年までの生産性の伸びは全産業の平均で年率1.8%だったのに対して，介護分野では0.2%だったという。

14　日本での女性議員比率の低さが，そのような制度が日本の政治で導入されていない理由とも考えられる。しかし，民主主義社会で最終的な社会選択を行うのは，議員ではなく国民である。社会保障の持続可能性を高めるための「クオータ制」の意味や意義に関する国民の理解が深まることで，日本でも短期間で「クオータ制」を導入することは可能と考えられる。日本では，多くの女性が高い水準の教育を受けており，国会議員として活躍できる女性は十分存在する。

15　日本の医療費の8割以上は公的に賄われており，大きなショックに直面して，財政が実質的に破綻状況になると，医療サービスを提供してもらうための財源を医療機関に十分提供できなくなる。財源不足のために，救える命が救えなくなる事態に陥ることは，容易に想像できるだろう。

16　近年，現代貨幣理論（Modern Monetary Theory: MMT）に基づいて，政府が有する貨幣発行権によって財源を確保できるので，巨額の公的債務も問題ない，税や社会保険料の増加も必要ないといった主張が行われることがある。確かに短期的には貨幣発行で財政を賄える。しかし，政府であっても資源を無料で（貨幣を発行するだけで）使用することは不可能である。長期的に貨幣発行で財源調達を行うことの帰結はインフレーションである。インフレ（貨幣価値の下落）によって国民の使える資源を奪うことで，政府は資源を使うことができるのである。この手法は，財政理論ではインフレ税と呼ばれ，財政危機に追い込まれた様々な政府が取ってきた手法である。この手法は基本的には財源問題の先送りであり，やがてハイパーインフレが起こり，政権が崩壊するという結果に終わることが多い。歴史を学ぶことは，安易な選択を選ばないために重要だが，残念ながら人類は歴史を繰り返してしまう（Reinhart and Rogoff 2011）。

188

| 参考文献 |

枝廣淳子（2015）『レジリエンスとは何か: 何があっても折れないこころ，暮らし，地域，社会をつくる』東洋経済新報社.

林健久・今井勝人・金澤史男［編］（2001）『日本財政要覧（第5版）』東京大学出版会.

宮畑建志（2015）「女性議員の増加を目的とした措置—諸外国におけるクオータ制の事例」『レファレンス』2015年11月, 47-66頁.

山重慎二（2013）『家族と社会の経済分析—日本社会の変容と政策的対応』東京大学出版会.

山重慎二（2016）『財政学（ベーシック＋）』中央経済社.

山重慎二・加藤久和・小黒一正［編著］（2013）『人口動態と政策—経済学的アプローチへの招待』日本評論社.

Adema, W.（2021）"A Cross-National Snapshot of Family Policy and Women's Economic Participation,"『経済分析』202, 53-261.

Baumol, W. J.（1993）"Health Care, Education and the Cost of Disease: A Looming Crisis for Public Choice," *Public Choice* 77, pp. 17-28.

Carpenter, S. R., K. J. Arrow, S. Barrett, R. Biggs, W. A. Brock, A-S. Crépin, G. Engström, C. Folke, T. P. Hughes, N. Kautsky, C-Z. Li, G. McCarney, K. Meng, K-G. Mäler, S. Polasky, M. Scheffer, J. Shogren, T. Sterner, J. R. Vincent, B. Walker, A. Xepapadeas and A. Zeeuw（2012）"General Resilience to Cope with Extreme Events," *Sustainability* 4（12）, 3248-3259.

Kharrazi, A., Y. Yu, A. Jacob, N. Vora and B. D. Fath（2020）"Redundancy, Diversity, and Modularity in Network Resilience: Applications for International Trade and Implications for Public Policy," *Current Research in Environmental Sustainability* 2, 1-7.

Reinhart, C. M. and K. S. Rogoff（2011）*This Time Is Different: Eight Centuries of Financial Folly.*（村井章子（訳）『国家は破綻する：金融危機の800年』日経ＢＰ社, 2011年）

Schut, F. T.（2021）"Increasing the Sustainability of Long-term Care in an Ageing Society: Lessons from the Netherlands,"『経済分析』202, 244-252.

Yamashige, S.（2017）*Economic Analysis of Families and Society: The Transformation of Japanese Society and Public Policies.* Springer.

索　引

194

[執筆者紹介]

高橋　泰（たかはし　たい）

執筆分担：第1章

国際医療福祉大学大学院 教授

1959年，石川県生まれ。金沢大学医学部卒業後，東大病院で臨床研修。東京大学にて博士号（医療情報）を取得。スタンフォード大学，ハーバード大学へ留学後，1997年に国際医療福祉大学に着任。専門は，医療政策，医療情報。

主な論文・著書：「2040年から逆算した医療提供体制改革のあるべき方向」『社会保険旬報』（2013年），"Estimate of Future Numbers of Doctors and Hospital beds and Facility Capacity," *Public Policy Review*（2018年），「新型コロナの実態予測と今後に向けた提言」『社会保険旬報』（2020年）

山田　篤裕（やまだ　あつひろ）

執筆分担：第2章

慶應義塾大学経済学部 教授

東京都生まれ。慶應義塾大学経済学研究科で博士号を取得。国立社会保障・人口問題研究所，経済協力開発機構（OECD）を経て，2002年に慶應義塾大学に着任。専門は社会政策，労働経済学。

主な論文・著書：『高齢者就業の経済学（第48回日経・経済図書文化賞）』日本経済新聞社（共著，2004年），『社会政策：福祉と労働の経済学』有斐閣（共著，2015年），『最低生活保障の実証分析：生活保護制度の課題と将来構想』有斐閣（共著，2018年）

石井　加代子（いしい　かよこ）

執筆分担：第2章

慶應義塾大学経済学部 特任准教授

東京都生まれ。ロンドンスクールオブエコノミックスで社会調査（社会政策）でMScを取得。慶應義塾大学商学研究科で博士号を取得。2018年より現職。専門は社会政策，労働経済学。

主な論文・著書：「生活時間を考慮した貧困分析」『三田商学研究』57(4)（共著，2014年），『格差社会と労働市場——貧困の固定化をどう回避するか』慶應義塾大学出版会（共著，2018年）

木村　真（きむら　しん）

執筆分担：第3章

兵庫県立大学大学院情報科学研究科 教授

1975年，大阪府生まれ。大阪大学経済学部卒業後，同大学大学院経済学研究科にて博士号を取得。北海道大学特任助教，兵庫県立大学准教授を経て，兵庫県立大学大学院情報科学研究科教授。専門は，財政学，公共経済学，社会保障論。

主な論文・著書：「マクロ経済スライドの現状と課題（発動と終了の条件）」『社会保障研究』4(4)，470-486（2020年），「多部門世代重複モデルによる財政再建の動学的応用一般均衡分析」（共著）『経済分析』第183号, 1-24（2010年），『地方財政改革の検証』（清文社（共著，2017年）

臼井　恵美子（うすい　えみこ）

執筆分担：第4章

一橋大学経済研究所 教授

東京大学経済学部卒業後，ノースウェスタン大学に留学し，博士号を取得。 名古屋大学大学院経済学研究科准教授などを経て，2014年に一橋大学に着任。専門は，労働経済学，家族の経済学。

主な論文・著書："Wages, Non-Wage Characteristics, and Predominantly Male Jobs," *Labour Economics.*（2009年），"How Does Informal Caregiving Affect Daughters' Employment and Mental Health in Japan?" *Journal of the Japanese and International Economies.*（2018年）

上野　有子（うえの　ゆうこ）

執筆分担：第4章

内閣府政策統括官（経済財政分析担当）付参事官（総括担当）

東京大学経済学部卒業後，経済企画庁（現内閣府）入庁。エセックス大学経済学部に留学し博士号取得。OECD科学技術産業局エコノミスト，一橋大学経済研究所准教授などを経て現職。専門は，労働経済学，応用ミクロ経済学。

主な論文・著書："Declining long-term employment in Japan," *Journal of the Japanese and International Economies.*（共著，2013年），「賃金は本当に上がっていないのか」『人手不足なのになぜ賃金が上がらないのか』（第16章）慶應義塾大学出版会（共著，2017年）

近藤　絢子（こんどう　あやこ）

執筆分担：第5章

東京大学社会科学研究所 教授

東京大学経済学部卒，コロンビア大学経済学博士課程修了，経済学博士。大阪大学社会経済研究所講師，法政大学経済学部准教授，横浜国立大学国際社会科学研究院准教授などを経て現職。専門は労働経済学，公共経済学。

主な論文・著書："Peer effects in employment status: Evidence from housing lotteries", *Journal of Urban Economics*, Vol.113, article 103195, （共著，2019年），"The Effectiveness of Government Intervention to Promote Elderly Employment: Evidence from Elderly Employment Stabilization Law," *Industrial and Labor Relations Review*, Vol.70(4), pp.1008-1036.（共著，2017年），"Long-term effects of a recession at labor market entry in Japan and the United States," Journal of Human Resources, Vol.45(1), pp.157-196.（共著，2010年）

深井　太洋（ふかい　たいよう）

執筆分担：第5章

筑波大学人文社会系 助教

横浜国立大学経済学部卒業後，東京大学大学経済学研究科博士課程修了，経済学博士。内閣府経済社会総合研究所研究官を経て，2022年に筑波大学に着任。専門は応用計量経済学・社会保障。

主な論文・著書："The effect of childcare availability on fertility: Evidence from municipalities in Japan," *Journal of the Japanese and International Economies*, Vol. 43, pp. 1-18（2017年），"Describing labor market impact of COVID-19 in Japan until June 2020," *Japanese Economic Review*, Vol.72.（共著，2021年），"Cognitive Functioning among Older Adults in Japan and Other Selected Asian Countries: In Search of a Better Way to Re-measure Population Aging," *Asian Development Review*, Vol.39,（共著, 2022年）

朝井　友紀子（あさい　ゆきこ）

執筆分担：第6章

シカゴ大学ハリス公共政策大学院講師および早稲田大学組織経済実証研究所招聘研究員

慶應義塾大学経済学研究科にて経済学博士号を取得。東京大学社会科学研究所助教，早稲田大学政治経済学術院次席研究員（講師）等を経て現職。

主な論文・著書："Parental Leave Reforms and the Employment of New Mothers: Quasi-experimental Evidence from Japan," *Labour Economics*.（2015年），"Effects of Subsidized Childcare on Mothers' Labor Supply Under a Rationing Mechanism" *Labour Economics*.（共著，2018年），"How Does Early Childcare Enrollment Affect Children, Parents, and Their Interactions?" *Labour Economics*.（共著，2018年）

地曳　暁瑛（じびき　あきえい）

執筆分担：第6章

2012年に一橋大学経済学部を卒業。シカゴ大学ハリス公共政策大学院に留学し，2021年に公共政策学修士号を取得。

主な論文・著書：“An Analysis of the Labor Supply of Childcare Providers”『経済分析』第202号, 148-171（共著, 2021年）

安岡　匡也（やすおか　まさや）

執筆分担：第7章

関西学院大学経済学部 教授

1978年，愛知県生まれ。名古屋市立大学経済学部卒業後，神戸大学大学院経済学研究科にて博士号を取得。北九州市立大学経済学部准教授を経て，2013年に関西学院大学に着任。専門は，財政学，マクロ経済学。

主な論文・著書：『少子高齢社会における社会政策のあり方を考える』関西学院大学出版会（2018年），『経済学で考える社会保障制度 第2版』中央経済社（2021年），『少子高齢社会における経済分析』関西学院大学出版会（2021年）

山重　慎二（やましげ　しんじ）

執筆分担：序章，第8章，終章

編著者紹介参照。

［編著者紹介］

山重　慎二（やましげ　しんじ）

一橋大学国際・公共政策大学院 教授

1962年，鹿児島県生まれ。一橋大学経済学部卒業後，ジョンズ・ホプキンス大学に留学し，博士号を取得。トロント大学経済学部助教授を経て，1996年に一橋大学に着任。専門は，財政学，公共経済学。

主な論文・著書：『家族と社会の経済分析〜日本社会の変容と政策的対応〜』東京大学出版会（2013年，第56回 日経・経済図書文化賞），『財政学（ベーシック＋）』中央経済社（2016 年），*Economic Analysis of Families and Society: The Transformation of Japanese Society and Public Policies.* Springer.（2017年）

日本の社会保障システムの持続可能性
──データに基づく現状分析と政策提案

2022年11月30日　第1版第1刷発行

編著者　山　重　慎　二
発行者　山　本　　　継
発行所　㈱中央経済社
発売元　㈱中央経済グループ
　　　　パブリッシング

〒101-0051　東京都千代田区神田神保町1-31-2
電話 03（3293）3371（編集代表）
03（3293）3381（営業代表）
https://www.chuokeizai.co.jp
製版／三英グラフィック・アーツ㈱
印刷／三　英　印　刷　㈱
製本／㈲井　上　製　本　所

© 2022
Printed in Japan